伊藤和明著

# 日本の地震災害



岩波新書

977

# はじめに

地震列島日本といわれるとおり、わが国は、昔からしばしば大規模な地震災害に見舞われてきた。この国土に住みつづける以上、私たちは、いつどこで大地震にあうかわからないという宿命を背負わされているのである。

一九世紀までに日本列島で発生した地震や火山噴火のおもなものについては、前著『地震と噴火の日本史』(岩波新書)で取り上げたが、本書はその延長、つまり二〇世紀以降に起きた地震災害編である。

二〇世紀は、社会的にも目まぐるしい変動の世紀であり、日本が軍事国家から平和国家へと転換していくという潮流のなかで、さまざまな地震災害が国土を痛撃してきた時代でもある。

一方、一九六〇年代に始まった高度経済成長によって、都市は立体的に過密化するとともに、各地で人為による環境の改変、国土の変貌がもたらされ、その結果、地震や集中豪雨など自然の急変に対して、きわめて脆弱な環境が築かれてきてしまった。自然の摂理を無視した開発によって繁栄を獲得した国土は、たびたび痛烈なしっぺ返しを自然から受けることになったのである。

本書では、関東大震災から稿を起こし、以後日本列島が体験した地震災害について、時代背景あるいは災害種別にしたがって分類、記述してみた。ひとくちに二〇世紀以降といっても、被害地震の数はあまりにも多く、紙面の都合もあって、すべてを網羅することはできなかった。十勝沖地震や釧路沖地震など、名称がつけられるほどの地震であっても、割愛せざるをえなかったものが少なくない。

前著と同じように、本書はけっして専門の研究書ではなく、あくまでも読み物として書きつづったものである。できるだけ平易な表現を用いたつもりであるが、そのために厳密さを欠いた部分もあるかと思われる。読者の意に添わない点があれば、お許し願いたい。

大地震は、いつかかならず発生する。本書に記した数々の震災の実態から、将来の地震防災に向けて、参考となるような情報を読みとり役立てていただければ幸いである。

# 目次

日本の地震災害

目次

目　次

# 第1章
# 関東大震災

震災で焼け野原になった東京市内

子どものころ、東京で震度3程度の地震があると、祖父母がすぐ雨戸を開け放ったことを覚えている。関東大震災の体験が、すぐにでも避難できるような行動を促したものであろう。日本の首都が壊滅した最大の地震災害。しかしいま、九月一日がなぜ「防災の日」になっているかを知らない若者も少なくない。一方では、当時の体験を後世に語りつぐことのできる人も、年ごとに消えつつある。

## 1　史上空前の地震災害

### 相模トラフ巨大地震

その日は、強い南風が吹きよせる蒸し暑い日であった。

一九二三(大正一二)年九月一日土曜日、二学期の始業式を終えた小学生たちも、おおかたは帰宅し、家庭では昼食の準備にとりかかっていた。

午前一一時五八分三二秒、相模湾《さがみ》の底でとつぜん岩盤の破壊が始まった。大地震が発生したのである。一二秒後の一一時五八分四四秒、東京の中央気象台(現・気象庁)と東京帝国大学地震学教室に設置されていた地震計の針が、この地震を記録しはじめた。数秒後、針の動きは急激となり、いちだんと激しさを増す震動によって、ついに地震計の針は振りきれ飛び散ってしまった。

四〇秒ほど続いた激しい揺れが、いったん治まったかと思ったのもつかのま、第二、第三の揺れが襲ってきた。それぞれ一二時一分、一二時三分ごろだったとされる。

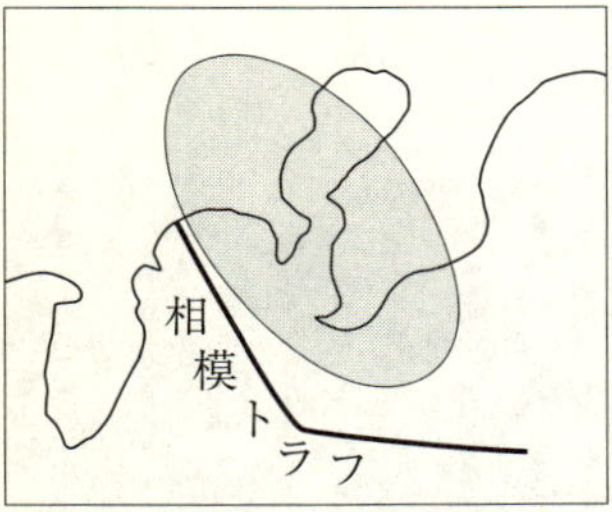


**図 1-1** 関東地震の震源域

地震の規模は、最初の本震がM7・9、続いて起きた二つの余震は、M7・2とM7・3であった。一九九五年に阪神・淡路大震災を引き起こした兵庫県南部地震がM7・3だったことを思えば、これらは、余震といえども激甚な揺れを地表にもたらしたのである。

関東地震と名づけられたこの地震は、相模トラフで発生した海溝型巨大地震であった。北西進するフィリピン海プレートは、駿河《するが》トラフと相模トラフとで、日本列島を乗せているプレート

**図1−2**　転覆した蒸気機関車

**図1−3**　破壊された東海道線の相模川鉄橋

の下に沈みこんでいる。この運動にともない、フィリピン海プレートによって下へと引きずりこまれていた陸側のプレートが、あるとき限界に達すると、とつぜん上向きに撥ね返って巨大地震が発生するのである。相模トラフでの巨大地震の発生は、一七〇三(元禄《げんろく》一六)年の元禄地震以来、二二〇年ぶりのことであった。

関東地震は、M8クラスの巨大地震であっただけに、災害は広い範囲に及んだ。犠牲者の数は、死者・行方不明あわせて一〇万五〇〇〇人前後とされ、日本の震災史上、飛びぬけて大きな人的被害をもたらしたのである。

## 猛火がまちを包んだ

震度6の激震となった範囲は、伊豆半島から神奈川県、山梨県の一部、東京府、房総半島にまで及んでいる（当時はまだ震度7は設定されていなかった）。

震源に近い小田原や平塚などでは、激しい揺れによって多数の建物が倒壊し、橋も落ち、いたる所で崖崩れが発生した。小田原では、東海道線の蒸気機関車が転覆、茅ヶ崎《ちがさき》〜平塚間の相模川にかかる同線の鉄橋は、十数片にちぎれて落下した。

小田原城の石垣も崩壊、箱根でも八六〇戸あまりが倒壊し、旅館が谷底に落ちて粉々になったと伝えられる。鎌倉では、長谷《はせ》の大仏像が四〇cmほど前にせりだしたうえ、約三〇cm沈下した。房総半島南西部の被害も大きく、館山では、一七〇〇戸の家屋のうち九九％が倒壊した。

東京や横浜などの大都市では、無数の木造家屋とともに、煉瓦造《れんがづく》りや石造りのビルも倒壊した。とくに横浜では、官庁や裁判所、ホテルなどが瞬時に倒壊し、ホテルに宿泊していた多数の外国人が圧死したといわれる。横浜港の岸壁も崩壊して、海中に没した。

東京では、浅草の象徴でもあった凌雲閣《りょううんかく》、通称〝十二階〟の崩壊が有名である。高さ五二mのこのビルは、一〇階までが煉瓦造り、一一階と一二階が木造だったが、八階から上が折れる

**図 1-4**　倒壊した浅草の凌雲閣，通称“十二階”(毎日新聞社提供)

ように崩れ落ちてしまった。

さらに震災の規模を拡大したのは、東京の下町を中心とする広域火災であった。犠牲者の九割以上が焼死者だったことは、地震火災の脅威を如実に物語っている。

地震の発生が正午寸前だったため、多くの家では、かまどや七輪に火を起こして、昼食の準備をしていた。飲食店でも、昼食時の来客に備えて火を使いはじめていた。

そこへ激震が襲ってきたのである。狼狽《ろうばい》した人びとは、火を消すいとまもなく、逃げだすのが精一杯であった。とくに、倒壊した家では、建材や家具が七輪などの上に落下し、たちまち火災が発生した。天ぷら油が鍋からこぼれ、引火した例も少なくない。また、学校の実験室や薬局、化学工場などでは、薬品類が棚から落ちて出火した。

こうして東京市内一五区だけでも、一三〇か所あまりから出火したのだが、とりわけ浅草、下谷《したや》、本所《ほんじょ》、深川など、下町各区からの出火が目立った。東京の下町は、地盤の軟弱な沖積平野の上に発達しているため、激しい地震動によって多くの家屋が倒壊し、たちまち火災が発生したのである。

気象の運も悪かった。この日は、早朝に能登半島を通過した台風が、日本海沿岸から東北地方の南部を横切って、太平洋側に抜けようとしていた。地震の起きたころには、台風は弱まって温帯低気圧に変わっていた可能性があるが、それに向かって強い南風が吹きつけており、東京周辺では風速が一〇ｍ以上にも達していたという。

一三〇か所あまりの出火点のうち、半分近くは、消防関係者や一般市民の手によって消し止められたが、残りの火災は、折からの強風にあおられ、たちまち燃えひろがっていった。

しかも火災現場からの飛び火が、次々と新たな出火を招き、やがて延焼火災は、巨大な火の帯となって移動しはじめた。木造家屋が密集していた地域だっただけに、火のまわりが早く、町から町へと猛火に包まれていくことになったのである。

そのうえ、ほとんどの水道管が地震で破壊されていたため、消火手段が失われたかたちとなり、手のくだしようのない状況のなかで、ただ燃えひろがるにまかせるしかなかった。火の帯は、次から次へと合流を重ね、四一もの火の帯となって、下町一帯をなめつくしていった。その後の調査から、このとき燃えひろがった速さは、毎時一八〜八二〇mにも達していたという。

図1-5　東京市内の惨状

図1-6　焼け焦げた三越百貨店

猛火に追われた人びとは、道路をいっぱいに埋めて、安全と思われる方向へと避難を開始した。しかし、後ろから迫る火に焼かれ、あるいは持ちだした大量の荷物によって道を塞がれ、焼死する者もあった。

さらに避難する人びとの行く手を阻んだのは、隅田川《すみだ》をはじめとする多くの河川であった。隅田川では、両国橋と新大橋以外の橋がすべて焼け落ち、逃げ場を失った人びとは大混乱となり、川に飛びこんで溺死した者も少なくない。

東京消防庁の報告書『東京都の大火災被害の検討』には、このときの惨状が次のように記されている。

「隅田川の両岸は、避難の群衆でただ黒い一列の塊りのようだった。厩橋《うまやばし》も、吾妻橋《あづまばし》も同様、浅草方面から向島へ逃げる群衆が本所全域にひろがった火勢に追われ、喚声をあげて逆戻りしてくるところ、両国方面から逃げ走ってきた群衆と安田邸まえで衝突し、みるみる大混乱をひき起こし、ある者は踏みつぶされ、ある者は川に墜落するなど多数の死者を出した」

「川の中で、背の立つ深さのところにも避難民はひしめいていた。西岸から吹雪のように飛んでくる火の粉や、真赤に焼けたトタン板、火のついた戸板、電柱などに頭や顔をやられ、川中に墜落、死傷した者などどれほどいたかしれない。また川の中の避難民は、それをさけるために、次第に深みに押し流され、水中に没していった」

川の両側が火の海となった永代橋《えいたいばし》は、猛火の挟みうちにあい、橋の両端から押し寄せた人びとが中央でひしめきあっているうち、橋に火がついたため、みな水中に飛びこみ、多数が溺死したという。まさに〝火攻め、水攻め〟の惨状を呈したのである。永代橋は、夜九時ごろには焼け落ちてしまった。こうして、隅田川をはじめとする東京市内の川では、無数の溺死体が水面をおおう結果となった。

### 荒れ狂った火災旋風

関東大震災のなかで、最も悲惨な出来事として後世に伝えられているのは、本所の被服廠跡《ひふくしょう》で発生した火災旋風による大惨事であろう。ここは、かつての陸軍省被服廠の跡地が、東京市に払い下げられた広場で、面積が約六万八〇〇〇㎡という広大な敷地であった。当然、人びとは絶好の広域避難場所と考え、地震の直後から続々とここへ集まってきた。地元の警察官も、避難してくる人びとを、被服廠跡へ誘導していたという。

集まった人びとは、はじめのうち、広い敷地に避難できた安心感からか、談笑しながら握り飯をほおばるなどしていた。だが時間とともに群集は増えつづけ、やがて広場は、人と荷物で

**図 1-7**　被服廠跡に集まった人びと

身動きもとれないほどの状態になった。そこへ、周辺に迫った火災現場からの火の粉が降りかかってきたのである。家財や荷物が燃えはじめると、広場はたちまち大混乱に陥った。次々と人が倒れていく現場へ、追い打ちをかけるように、恐怖の火災旋風が襲いかかってきた。

大規模な火災が起きると、中心部では激しい上昇気流が発生して空気が薄くなるため、それを補うように、まわりから風が渦を巻いて吹きこんでくる。このとき被服廠跡を襲った大旋風は、火災による高熱の空気を含んだ旋風、いわば〝熱風竜巻〟であった。

人も家財も旋風に巻き上げられ、荷物を積んだ馬車が、馬ごと舞い上がったという話も

**図 1-8**　横浜市役所付近の惨状

ある。空に巻き上げられた人びとが、ひとかたまりとなって落下し、そこに火がまわってみな焼死した例もあった。隅田川の水が、数十mもの水柱となって水面を走るのも目撃された。

災害後の調査によると、この現象は、各所で発生した数個の旋風が合体し、異常な大旋風となって被服廠跡を襲ったものであることが判明した。

被服廠跡での焼死者は、約四万四〇〇〇人ともいわれており、大震災による犠牲者のおよそ四割が、この広域避難場所でいのちを落としたことになる。

さしもの大火災が、完全に鎮火したのは、翌々日の九月三日午前一〇時ごろであった。

統計によると、東京府での家屋の全壊は二万戸あまり、焼失が約三七万八〇〇〇戸、焼失面積は三八三〇haに達した。当時の東京市の六四％が焦土と化したのである。

横浜でも大規模火災に発展、市内いちめん焼け野原となった。荒れ狂う猛火に追われた人びとは、岸壁から海に飛びこみ、港には多数の溺死体が浮いていたという。神奈川県下で家屋の全壊約六万三〇〇〇戸、焼失は六万八〇〇〇戸あまり、また、千葉県下で全壊三万一〇〇〇戸あまりとなっている。

## 2　津波災害と土砂災害

### 大津波が襲来した

関東大震災は、東京や横浜などでの大規模な広域火災がクローズアップされているためか、地震とともに発生した大津波や、山地の各所で起きた山崩れなどについては、注目があまり集まっていない。しかし、相模湾沿岸には大津波が襲来しているし、箱根や丹沢《たんざわ》山地では、いたる所で土砂災害が発生している。

津波は、海底下で起きた大地震によって海底地形が変動し、その変動が海面に生きうつしに

**図1‒9**　鎌倉由比ヶ浜の津波被害(『震災予防調査会報告』より)

伝わることによって発生する。関東地震は、相模トラフで起きた巨大地震だったため、当然のことながら大津波が発生したのである。

津波は、伊豆半島東岸から相模湾沿岸一帯、さらには房総半島の南端までを襲った。

熱海には地震発生から五分後に津波が襲来し、湾奥で波高一二m、約五〇戸が流失した。伊東でも、九mの津波によって三〇〇戸以上が流された。また伊豆大島の岡田港でも一二m、房総半島先端に近い相浜《あいはま》でも九mの津波が襲来している。

鎌倉や逗子《ずし》では、五、六mの津波によって多数の家屋が流失した。海岸にあった別荘のほとんどが流されたという。また鎌倉では、津波が市内を流れる川を遡上して、河畔の地区にも被害を及ぼした。『神奈川県史』によれば、由比ヶ浜《ゆいがはま》海水浴場にいた約一〇〇人と、江ノ島の桟橋を通行していた約五〇人が、行方不明になったといわれる。

こうして、相模湾沿岸だけでも数百人が津波の犠牲になったと推定されている。もし東京や横浜での大火災がなければ、関東地震は大津波をもたらした地震と位置づけられたであろう。

### 小学生の津波体験記

伊東市宇佐美にある宇佐美小学校では、関東地震を体験した当時の生徒たちの作文を二冊にまとめ、『大正震災記　一巻二巻』として保管してきた。この作文集を、伊東市立伊東図書館が一九九四年に復刻、『こわかった地震津波――関東大震災を体験した宇佐美小学校全児童の作文集』と題して出版した。この作文集は、大地震のあと、宇佐美の海岸へ津波が襲来したときの状況を知るうえで、貴重な史料となっている。

宇佐美は当時、静岡県田方《たがた》郡宇佐美村と呼ばれ、六〇〇戸ほどの半農半漁の村であった。関東地震の津波によって、熱海町や伊東町では多数の死者をだしているのに、宇佐美村では一人の犠牲者もでなかったという。

作文集を読み進んでみると、宇佐美の浜に津波が押しよせてきたときの情景が、子どもたちの筆を通して、目に浮かんでくるようである。

「地震もやんだので道の方に行って見ると、大勢の人が大さわぎをして居る。私もいって見ようと思って海の方を見ると、大へん海の水がふえて来た。その中に〝ソレツナミダ〟と叫んだので、急いで山の方を向いてにげた。途中まで行って見ると、もうつぶれた家もあれば流れた家もあったので、この分では、まだ津浪が来ると上へ上へとにげた。やがてもうよかろと皆で畑のまん中にすわりこんで見て居た。もうその時は海の中は色々の道具や家などで一ぱいであった。それから二三度水が増減した」(小学六年女子)

「ゆらゆらというまもなく地震は大きくなった。逃げるにもにげられず、その中に地震もやんだ。〝今だにげろにげろ〟と誰かが言った。畠へ上って見ると浪が陸をさらって行った。二度目の浪の時には、海は、舟と家で島の様で有った」(小学六年男子)

「そのうちに浜の方から、津波だ津波だと大きな声をして来た人がありました。私は、何が何やら分からないが、皆の後をついて、上へ上へと逃げた。ふりかえって浜を見ると、浪はもう引けて行くところでしたが、随分沖の方まで引けました。今まで見た事もない島の根元まで見えます。どうなることかと驚いていると、浪はまただんだんと押し寄せて来ます。すると、今度は、大事な大事な家を、残らず引き出しました」(小学六年女子)

「海岸一面に水がふえて堤防を越し、陸上によせて来た。僕等は〝津波だ津波だ〟といいながら、畑を向いて、いきをきって上った。海の水面は凄い様子をしていた。地震で出た船は流され、大切な家は沖の方に引出された。（中略）ふと沖を見ると、海水がいつの間にか、ひけて行って岸辺から二三百間も沖まで見える。遥か向うを見ると、手石のへんから海水がムクムク湧いて来たかと思うと、初津を第一番に、八幡城宿を荒し、留田をもかき散らして、あの苦い津波は、もう影も形も無くなった」（高等小学二年男子）

これらの記述から、宇佐美での津波は、はじめ海水の押しで始まり、そのあとかなり沖の方まで引いて海底が露出し、続いて第二波が襲ってきたことがわかるし、第二波の方が第一波よりも高く、それによって、多くの家屋や船が流されたことも読みとれる。

さらに作文の多くから、宇佐美村では地震のあと、複数の人が「津波がくる」と叫んで、村人を高所に避難させたこともわかる。

宇佐美村全体で、一一一戸も流失しながら、一人の死者もださなかったのは、けっして偶然の幸運によるものではなく、こうした迅速な判断と避難行動があったからであろう。

災害を記録として伝承することの大切さを、この作文集は教えてくれている。

## 多発した土砂災害

激震に見舞われた南関東では、神奈川県西部の山地を中心に、山崩れや崖崩れが多発した。また横浜や横須賀では、人家の背後にある急斜面が崩れ、多数の家屋が押しつぶされるなどの被害がでた。とくに横須賀では、各所で崖が崩れて民家が埋没し、一〇〇人をこえる死者がでている。東京、神奈川、山梨、静岡、千葉の一府四県で、合計約八〇㎢にわたる山腹の崩壊が発生した。

国鉄東海道線、熱海線(現・東海道線)や箱根登山鉄道は、崩れ落ちた土砂が各所で線路を埋めたために寸断されてしまった。山北町の谷峨《やが》では、東海道線(現・御殿場線)の線路が山崩れによって流失した。これら鉄道線路の復旧には、かなりの時間を要したという。

とりわけ斜面の崩壊は、丹沢山地や箱根山地で著しかった。丹沢山地では、山腹に無数の崩壊が発生し、緑の森林におおわれていた山容は、いたる所で白い地肌をむきだしにした荒々しい姿へと変わってしまった。崩壊地の面積は、山地全体の約二〇%に達したといわれる。

神奈川県の秦野では、崩壊した大量の土砂によって押切川がせき止められ、新しい池を生じた。地震によって生まれたことから、この池は「震生湖《しんせいこ》」と名づけられ、今はささやかな観光地となっている。

**図 1-10**　崩壊して白い地肌をさらす丹沢山地（神奈川県森林課提供）

丹沢山地の東端に位置する大山でも、無数の崩壊が発生し、大量の土砂が谷に堆積した。そして、大地震から二週間後の九月一五日、豪雨がこの地方を襲い、谷筋にたまっていた土砂が一挙に押し流されて、大規模な土石流が発生した。土石流は、大山阿夫利《おおやまあふり》神社の門前町だった大山の集落を襲い、民家約一四〇戸を押し流してしまった。このときは、地元警察官の適切な指示と誘導によって、住民の多くが安全な場所に避難していたため、死者は一人だけであったという。

以後、しばしば各所で土石流が発生し、家屋や田畑が土砂に埋まった。このように、山地がひとたび大地震に見舞われると、大雨による二次的な土砂災害が頻発するなど、長く

**図 1-11**　岩屑なだれに埋まった根府川の集落．右側には破壊された熱海線の鉄橋が見える(片浦史談会提供)

重い後遺症が残されてしまうのである。

## 根府川の悲劇

地震とともに発生した土砂災害のなかで、最も大規模かつ悲惨だったのは、神奈川県片浦村根府川《ねぶかわ》地区を襲った岩屑《がんせつ》なだれによる集落の埋没であった。

激震によって、箱根外輪山の一角をなす大洞山《おおぼらやま》が大崩壊を起こした。崩壊した山の部分は、巨大な岩屑なだれとなって白絲川《しらいとがわ》の谷を流下し、たちまち根府川の集落を埋没してしまった。根府川では、地震発生から約五分後に、海からは波高五、六ｍの大津波に襲われたのだが、それとほぼ同時に、山の方から岩屑なだれが襲来したのである。

岩屑なだれという現象は、地震の衝撃や火山の大噴火などにともない、山体が崩壊することによって発生することが多い。水を媒体として流れる土石流と異なり、空気を媒体として流下するため、地表との摩擦が小さく、高速の流れとなって破壊力を増すのである。

当時、根府川の集落は白糸川の谷筋にあったため、家々はたちどころに岩屑なだれに呑みこまれ、六四戸が埋没し、四〇六人が犠牲になった。

生き残った人の体験談によると、大地震のあと五分と経たないうちに、「山が来たぞぉー」という叫び声がしたかと思うと、谷をいっぱいに埋めて、なだれのように大量の土石が襲ってきた。土石の流れは、谷の屈曲する地点で反対側の斜面に乗り上げながら、右へ左へと高速で蛇行しつつ、ついに根府川の集落を呑みこんでしまったという。

大洞山の崩壊地点から、約五分のうちに四㎞下流の集落にまで到達したのだから、岩屑なだれの流下速度は、時速約五〇㎞ということになる。

熱海線の根府川鉄橋も、その直撃を受けて海中に飛ばされてしまった。折しも上り列車が、その鉄橋にさしかかっていたのだが、激しい地震の揺れを感じた運転士が、鉄橋直前のトンネルを出たところで列車を止めた。そのため、トンネルを抜けでていた機関車だけが土砂に巻きこまれ、機関士と火夫の二人が犠牲になったのだが、客車はまだトンネル内に残っていたので、乗客は危うく難を逃れることができたという。

一方、根府川の駅では、下り列車がホームに停車していたところへ激震が襲い、背後の崖が崩れて、列車の乗客約二〇〇人と、ホームで上り列車を待っていた約四〇人が、列車もろとも四五mの崖下に転落してしまった。そこへ海からは津波が襲ってきたのである。かろうじて岸に泳ぎつき、斜面を這い上がり逃げた人を除いて、約二〇〇人が犠牲になったという。

また地震が起きたとき、七二人の児童が、白絲川の河口付近で泳いでいた。うち二三人は、地震に驚いて帰宅したのだが、残りの四九人は、海からの大津波と陸からの岩屑なだれとの挟みうちにあって、いのちを落としたのである。

## 3　流言が招いた混乱

### さまざまな流言の発生

関東大震災は、あまりにも大規模だっただけに、被災地を中心にしてさまざまな流言が蔓延《まんえん》し、社会的混乱を助長した。

原因の一つは、公的な情報がまったく得られなかったためである。当時はまだ、ラジオ放送も始まっておらず、情報源としては新聞に頼るだけであった。しかし、東京にあった一六の新聞社のうち、社屋が焼失を免れたのは、『東京日日新聞』『報知新聞』『都新聞』の三社だけで、あとの一三社は震災で社屋を失っていた。

震災後、各新聞社とも懸命の復旧に努めたのだが、最も早く新聞の発行ができた『東京日日新聞』でさえ、九月五日の夕刊からというありさまであった。つまり、地震の発生した九月一日から五日の夕方まで、被災地は報道皆無の状態だったのである。

当然のことながら、まちかどの情報は、市民の口から口へと、いわば口コミで伝えられる事態となった。なかでも、大災害となった東京や横浜では、被災住民の不安と混乱のなかで、不確かな情報やもっともらしい噂話が、自然発生的な流言と化して、口伝えに拡大していったのである。

壊滅的な災害に見舞われ、通常の社会組織が破壊されたなかで発生する流言を〝噴出流言〟という。関東大震災の直後に発生した噴出流言は、実に多様なものであった。

一つは、「もっと大きな地震がくる」「二日の正午にまた激震が襲う」など、大地震のあとには、かならずといっていいくらい発生する流言であった。

それに津波襲来の流言が、拍車をかけた。現実に関東地震では、相模湾沿岸や房総半島、伊豆大島などに大津波が襲来して、多数の人家が流失したのだが、「東京の下町にも大津波がくる」という流言が口伝えに広まり、山手方面に逃げだす人もあった。検潮記録によれば、東京湾沿岸では六〇㎝前後の津波が観測され、被害もでなかったのだが、大津波襲来の流言は、そのまま地方へと伝わり、地方新聞まで確実な情報として記事を載せたのである。

『河北新報』や『福岡日日新聞』などは、「芝浦に大海嘯《だいかいしょう》が来襲し、約一〇〇〇人の死者がでた」とする記事を書いているし、『樺太夕刊』にいたっては、「上野の山の下に、津波がものすごく渦巻いて襲来した」などと記している。

「富士山が噴火した」とする記事も、各紙に掲載された。夜空を赤く染めた東京の大火災を遠望した人びとが、富士山の噴火と早合点して流言の発生源になったとも思われる。「秩父連山が噴火した」という流言も、広く流布した。『岩手新聞』などには、「秩父連山が八月三〇日に噴火を始め、九月一日の正午には、噴煙が天に冲《ちゅう》して大爆発」というまことしやかな記事さえ載った。そもそも秩父山地には火山など存在しないのだが、そうした検証など行われぬまま、流言は際限なく広まっていった。

これらの新聞記事は、東京を脱出した人などから聞いた噂話をもとに、新聞記者が〝ウラもとらず〟に書いたものであろうが、いずれも被災都市東京を中心に蔓延した流言の質を反映したものといえよう。いわば、事実を正しく伝えるべきマスメディアまでが、流言に惑わされてしまったのである。

一般にこうした流言は、どこの誰が言いはじめたのか、その発生源をつきとめるのは難しいのだが、出所がわかって、一人の男が治安維持令違反で検挙されたという事例がある。

大震災からひと月あまりが経った一〇月四日の午前一時ごろ、かなり強い余震があった。そのあと、本郷周辺の交番や自警団詰所に、「今夜さらに強い地震があるから、火の元に注意するように」とか、「私は帝国大学地震学教室から来た者だが、さらに強い地震があるかもしれない」と呼びかけ、一軒一軒戸を叩いて、「気象台からの通知で、明朝また強震が起きるから注意」という意味のことを触れまわった男がいた。

この男は、震災当初から東京帝国大学の構内に避難していた者で、学生から大学構内の警備を依頼され、帝国大学と記された提灯を渡されて、夜警の仕事に就いていた。その提灯を持ち、なおかつ地震学教室から来たと名乗ったので、人びとに対する説得力を増したのであろう。なかには、彼の言葉を信じて、徹夜で起きていた人もあった。男は結局、嘘が発覚し、故意に流言を広めたとして検挙されたという。

## 〝朝鮮人暴動騒ぎ〟

大震災後に発生したさまざまな流言のなかで、最も深刻で、なおかつ重大な結果を招いたのは、いわゆる〝朝鮮人暴動騒ぎ〟である。

この流言は、大地震の起きた九月一日の午後七時ごろ、横浜市本牧町《ほんもくちょう》あたりで、「朝鮮人が放火している」という噂が、どこからともなく発生したのが発端であった。

大地震によって、横浜も東京と同じように大災害に見舞われた。多数の建物が倒壊し、町は火の海と化していた。その混乱のなかで、朝鮮人放火の流言が広がりはじめたのである。

さらに流言は、その夜のうちに変質して、「朝鮮人が強盗をしている」とか、「婦女に暴行を働いている」「井戸に毒を投げこんでいる」などとなり、翌日になると、「保土ヶ谷の朝鮮人労働者三〇〇人が襲ってくる」「工事現場のダイナマイトを持って襲来する」という流言にまで発展した。

これら朝鮮人に関する多様な流言は、いずれもまったく根拠のないものだったが、短時間のうちに横浜市内だけでなく、鶴見や川崎方面へと広がっていった。

震災後の調査から、横浜での流言の発生源となったのは、市内で起きた日本人による集団強盗行為だったと考えられている。立憲労働党の総裁山口正憲《やまぐちまさのり》が、避難民の窮状を救うためと称して、「横浜震災救護団」を組織、団員を煽動して、民家から手当たりしだいに物資の略奪を繰り返したのである。集団を組んで次々と民家を襲う強盗団に、民衆は恐れおののき、それがいつのまにか朝鮮人の暴挙と誤解されたにちがいない。

横浜市内で発生した流言は、またたくまに周辺へと拡大し、三つの経路をたどって多摩川を渡り、東京へと流れこんだ。九月二日午後には、流言は東京市内全域をおおってしまったという。流言が広がるのはきわめて速く、二日中には関東各県に及び、三日には福島県にまで達している。交通機関や電信・電話が途絶していたなかで、それはまさに驚くべき速さであった。

この間に流言の内容もさまざまに変化し、ますます不穏な様相を呈していった。

「朝鮮人約二〇〇人が、殺傷、略奪、放火を繰り返しながら、東京方面に襲来中」「朝鮮人約三〇〇〇人が、多摩川を渡って来襲し、洗足、中延付近で住民と闘争中」「横浜方面から来た朝鮮人二、三百人が、溝の口で放火、多摩川の河原に進撃中」「朝鮮人は、爆弾や劇薬を使って、帝都を全滅させようとしている。井戸水や菓子を飲食するのは危険」などなど。このほか、実に多種多様な流言が入り乱れ、口コミによって広がっていった。

これらの流言は、すべてが事実無根だったのだが、恐怖にかられた各町村では、それぞれ自警団を組織して朝鮮人の来襲に備えた。彼らは、法律で所持を禁じられていた凶器を手にして、通行人を呼び止めては訊問した。朝鮮人と認めると、日本刀や竹槍、棍棒によって殺傷を繰り返した。

住民から、朝鮮人騒乱の通報を受けた各警察署では、署員に命じて事実調査にあたらせたのだが、大震災直後の混乱のなかで、実態を把握することはほとんどできなかった。しかも、相次ぐ通報に翻弄《ほんろう》されてか、警察当局も、朝鮮人暴動説は事実ではないかとの思いを抱くようになったのである。

さらに流言は、新聞報道によっても拡大された。東京の新聞社は地震で壊滅していたが、地方新聞は朝鮮人暴動事件を大きく報じ、それが東京や横浜の被災地に持ちこまれ、庶民の恐怖心をいっそう煽《あお》りたてた。その結果、各地で虐殺事件が続発したのである。とつぜんの誰何《すいか》に動転して、とっさの言葉を発せなかった日本人が、朝鮮人と間違われて殺害されるという事件さえ起きた。

大震災下の異常な心理にもとづく大虐殺によって、いのちを奪われた人は、三〇〇〇人とも四〇〇〇人ともいわれるが、正確な数字はいまだにつかめていない。

この事件の根底には、当時の日本人が、朝鮮の人びとに対して抱いていた恐怖感が潜在していたともいえよう。一九一〇年、日本政府は強引に朝鮮半島を併合し、朝鮮の人びとに苛酷な労働を強いていた。そのため、もし大震災などが発生すれば、彼らが災害後の無秩序を利用して騒乱事件を引き起こし、鬱憤《うっぷん》を晴らすのではないかという疑心暗鬼が、日本人の心のなかにわだかまっていて、それが流言発生の背景にもなっていたのではないだろうか。

関東大震災直後に発生した〝朝鮮人暴動騒ぎ〟の流言と、それが原因となった大虐殺は、まさに日本の国辱といってもいい事件だったとみることができよう。

第2章

# 断層出現！

## ―昭和初期の内陸直下地震―

道路を横に食い違わせた郷村断層(多田文男氏撮影)

関東大震災から三年後の一九二六年、大正天皇が崩御し、世は大正から昭和へと変わった。新しい時代の幕開けとなった昭和の初期、いわば昭和ヒトケタの時代に、日本列島では、大きな災害をもたらした内陸直下の地震が、二つ起きている。北丹後《きたたんご》地震と北伊豆地震、どちらも内陸の活断層の活動によって発生した地震で、地表に地震断層を出現させた。このような地震は震源が浅く、局所的ではあるが激甚な揺れによって、人間社会に強烈なダメージをもたらすことになる。

## 1　北丹後地震

### 直下地震の脅威

一九二七(昭和二)年三月七日の午後六時二七分、京都府の北部、丹後半島の付け根にあたる部分を震源として大地震が発生し、二九二五人の死者をだす大災害となった。

北丹後地震と名づけられたこの地震は、前年の一二月二五日に大正天皇が崩御し、元号が昭和に変わってから、わずか二か月あまりで起きた大地震であった。いわば、昭和の時代が体験した最初の大震災だったのである。

当時はまだ、四年前に起きた関東大震災の後遺症が、日本経済に重くのしかかっているさなかでもあった。そのうえ、この地震の八日後の三月一五日には、東京渡辺銀行に端を発した銀行の取りつけ騒ぎが全国に波及して、金融大恐慌のきっかけとなったものであり、まさに昭和の激動期を予感させるような大地震だったといえよう。

北丹後地震は、活断層の活動による典型的な内陸直下地震で、規模はM7・3、一九九五年一月の兵庫県南部地震と、ほぼ同じ規模の地震であった。

実は、この地震が起きる二年前の一九二五年五月には、すぐ西に隣接する地域で北但馬《きたたじま》地震(M6・8)が発生し、兵庫県北部の豊岡や、温泉街として名高い城崎《きのさき》などで、多数の民家や温泉旅館が倒壊、火災も発生して四二八人の死者がでている。その北但馬地震の余燼《よじん》が、まださめやらぬうちに北丹後地震が発生したのである。

北丹後地震による被害は、日本三景の一つとして知られる「天橋立《あまのはしだて》」付近から、現在の北近畿タンゴ鉄道に沿って、網野・峰山・山田などの町で大きく、家屋の倒壊率は七〇〜九〇％にも達した。

この年はとりわけ寒い冬で、雪も多く、地震の発生した三月初旬になっても、一mほどの積雪があった。地震の激しい揺れに、雪の重みが加わって多くの家屋が倒壊したのである。全壊家屋は約一万三〇〇〇戸にのぼったという。

しかも地震の発生が、夕食で火を使う時間帯と重なったことから、各地で火災が発生した。峰山町では、ほとんどすべての家屋が全壊または全焼し、人口に対する死亡率は二二％にも達した。なかには、夕食中の家族全員が即死した例もあった。そのほかの村々でも、市場村で一二・二％、吉原村で一〇・一％、島津村で八・二％の死亡率となっている。

**図 2-1**　倒壊した網野小学校(京丹後市教育委員会提供)

小学校も、一三校の校舎が全壊または全焼したが、地震の発生が放課後だったため、児童などの人的被害がなかったのは、不幸中の幸いだったといえよう。

当時の『朝日新聞』号外の見出しには、「呪はれた丹後半島の光景、実に凄惨を極む」とか、

「峰山、網野の両町、全く焦土と化す」などと書かれていた。

また、『峰山町役場日誌』には、「全町殆《ホトン》ド倒壊。続イテ各所ニ火災起リ、杉谷、吉原ノ一部ヲ除キ全焼シ、死者千百数十人。重軽傷者亦《マタ》数百人ニ達シ、其ノ惨状筆紙ニ尽シ難《ガタ》シ。地震ト同時ニ役場モ傾キ、公会堂ハ倒壊セリ」と記されている。

峰山町や網野町などは、丹後縮緬《ちりめん》の産地として知られていたが、この地震によって工場が倒壊し、原料となる生糸が焼失したため、生産不能に陥り、経済的にも大きな打撃を受ける結果となった。

北丹後地震による被害は、広範囲に及んだ。二年前の北但馬地震で大きな打撃を受けた城崎でも、火災により二三〇〇戸以上が焼失した。また、震源から一五〇km以上離れた鳥取県の米子でも、二戸の倒壊家屋がでた。また大阪市内では、地割れから泥水を噴きだし、家屋が浸水したという。液状化現象が発生したものと考えられる。

**地震断層が出現した**

北丹後地震では、二つの地震断層が地表に出現した。郷村《ごうむら》断層と山田断層である。しかもこれら二つの断層は、互いに直交する、いわゆる〝共軛《きょうやく》断層〟であった。

郷村断層は、北北西〜南南東に延びる長さ一八kmの部分が動き、西側が最大八〇cm隆起、水平には最大二m七〇cmの左ずれを生じた。山田断層は、これとは直角に走る長さ約七kmの断層で、北側が最大七〇cm隆起し、右ずれの変位が最大八〇cmに達した。

本章扉の写真は、郷村断層の活動によって、道路が左ずれに食い違ったときの写真である。

このような断層活動が起きたために、ほぼ断層沿いに分布していた町村は、激しい揺れに見舞われ、大規模な災害となったのである。なお郷村断層の跡は、現在三か所で保存されており、北丹後地震の遺構として国の天然記念物に指定されている。

**図 2-2** 郷村断層周辺の被害(峰山，国立科学博物館提供)

日本の活断層分布図(図2-3)を見ると、中部地方から近畿地方にかけては、活断層が密に分布していることがわかる。歴史的にも、地表に地震断層が出現するような内陸直下地震は、圧倒的に中部以西に多い。北丹後地震も、その代表的な例であった。

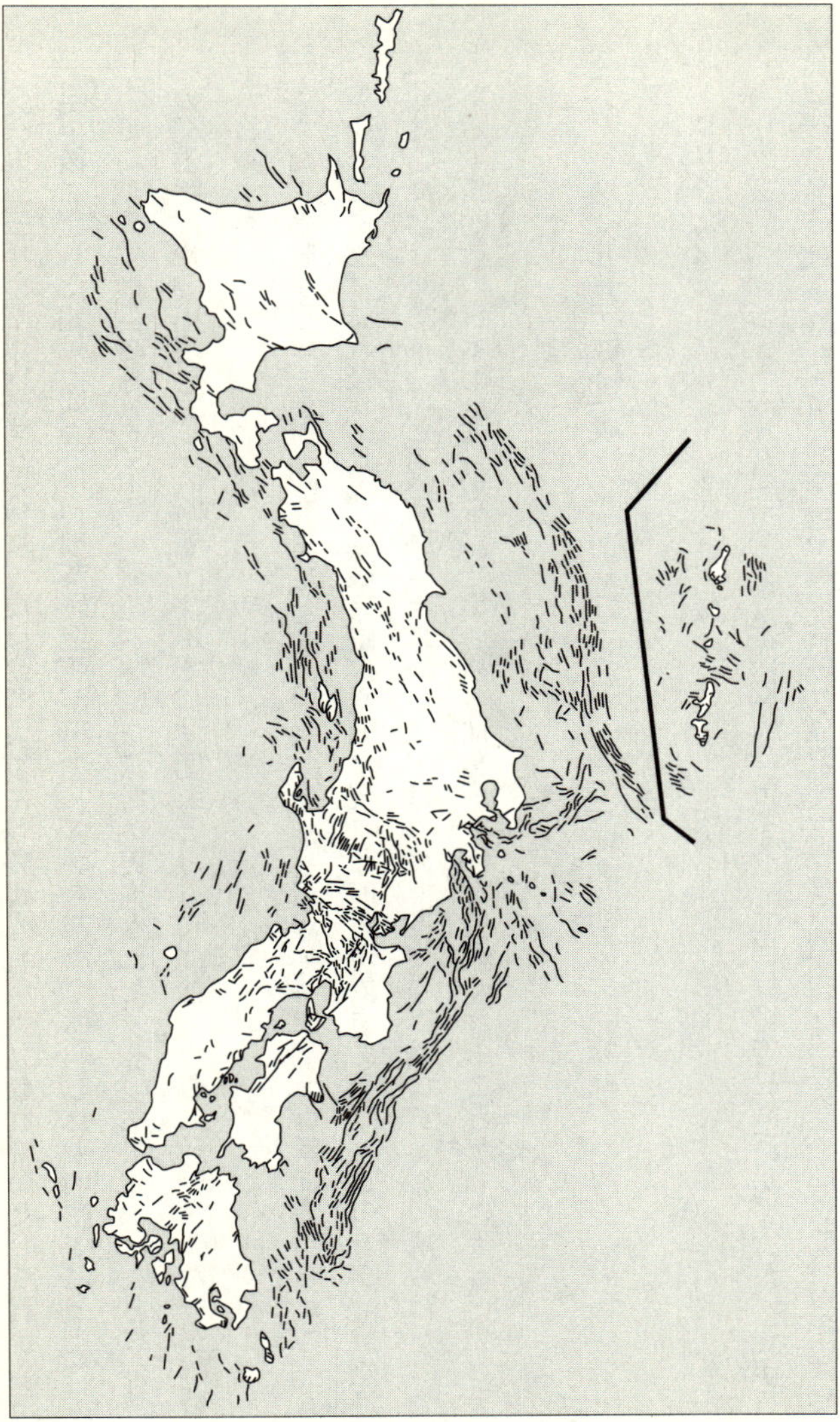

**図 2-3**　日本の活断層分布(『新編 日本の活断層』にもとづき作成)

一九二三年の関東地震を契機に、東京帝国大学に地震研究所が設立されていた。それから三年半後に起きた北丹後地震は、地震研究所が誕生してから初めて体験した大地震であった。そのため、地震のあと、余震の観測や綿密な測量が実施された。その結果、一日ごとの余震の発生状況や、出現した地震断層を挟んで、地面がどの方向にどのぐらい動いたかなどが明らかになった。

また、地震が発生する二時間半ほど前に、海岸の地盤が最大で一・三mほど隆起したことも確かめられた。これはまさに、地震発生の直前に現れた前兆現象であった。このように、北丹後地震では、地震前後の地殻変動などについて、はじめて多くの貴重なデータが得られたのである。黎明期《れいめいき》の日本の地震学を、一歩進める地震だったと位置づけることができよう。

## 2　北伊豆地震

### 壊滅した村々

一九三〇(昭和五)年一一月二六日の未明四時二分ごろ、北伊豆地方を激震が襲った。北伊豆地震と名づけられたこの地震は、丹那《たんな》断層の活動による典型的な内陸直下地震で、規模はM

7・3、震源の深さ約二㎞と、きわめて浅い地震であった。被害は、震度6を記録した伊豆半島北部から箱根にかけて大きく、全壊家屋二一六五戸、死者二七二人を数えた。

当時日本は、昭和恐慌のさなかにあった。前年の一〇月二四日、ニューヨーク、ウォール街での株価大暴落に端を発した世界大恐慌は、たちまち日本経済をその渦中に巻きこみ、中小企業の倒産が相次いだ。また各地で労働争議が頻発、失業者も増加の一途をたどっていた。そうした社会不安のただなかに、北伊豆地震が発生したのである。

北伊豆地震は、顕著な前震活動をともなった地震として知られている。この年の二月から五月にかけ、半島東部の伊東市沖で群発地震が続いた。二月なかばごろに始まった地震活動は、三月に入ると活発化し、三月二〇日には伊東で震度5の強い揺れを感じた。四月になると、地震数はいったん減少したものの、五月はじめから再び活発になり、五月九日には、一日だけで一〇〇回以上の地震が発生した。それ以後は次第に活動も衰え、六月末にはほぼ終息した。

しかし一一月に入ると、七日に三島で無感の地震が二回起き、一一日からその数が増えはじめて、一三日には有感地震もまじるようになり、二〇日ごろからは、連日二〇〇回をこえた。一一月二五日の夕方にはM5・0のかなり強い地震があって、人びとが戸外に飛びだすほどであった。本震が発生したのは、その翌朝である。

図 2-4　倒壊した民家(『中央気象台報告』より)

『函南震災誌《かんなみしんさいし》』の記事を要約すれば、地震発生後の村々の模様は次のようであった。「上下左右に激しい地震動が二〇秒あまり続き、家々は算を乱して倒壊し、道路や橋梁《きょうりょう》も破壊され、火災が数か所で発生した。暗黒のなかで阿鼻叫喚《あびきょうかん》のありさまとなり、交通も通信も途絶してしまった。夜が明けたものの、朝食を摂《と》るすべもなく、喉の渇きをいやす水もなく、余震が頻々《ひんぴん》と続いている」

家屋の倒壊および人的被害が最大だったのは韮山《にらやま》村で、一二七六世帯のうち、家屋の全壊が四六三戸、半壊四二〇戸、死者七六人を数えた。全半壊した家屋は、全体の七〇%近くに達している。

『震災記念誌』には、地震の生々しい体験を記した韮山小学校の児童の作文が載っている。

「天井の電球が大きく振子のように揺れると、タンスの上から薬箱が落ちてきた。(中略)灯りは消え、真っ暗闇の中に大地がうなりをたてて裂け、ありとあらゆるものが崩れて行く。横に揺れ、上下に揺れながら地面は恐しい形相で吼《ほ》えている。家はきしみ、瓦は雨のように降っている。私を抱きかかえた父は、やっとのことで戸を破ると、表へ脱出した。(中略) やがて白々と夜が明けそめると、戸板四枚でまわりを囲い、上に板切れを乗せた狭苦しい中にいる自分を見出した。凍るような寒さにぶるぶるっとしたが、頭を覆っている板の間からこわごわ首を出すと、小さかった私は背伸びして見た。無い、家が無い、下田街道沿いに並んでいたこの町は一軒残らず崩れ、私たち一家は裏の大根畑に難をさけていたのだ。(中略) 道路上に家がかぶさるように倒れ、折れた電柱がさかさに立っていた。(中略) 向い側に人だかりがするので行って見ると、こもをかぶった死体にすがりついて、誰か大声で泣いていた」

この作文から、韮山村の惨状が、手にとるようにわかる。児童が通学していた韮山小学校の校舎も全壊した。地震の発生がもし日中であったなら、校内で多くの児童が犠牲になっていたにちがいない。

**丹那断層が動いた**

北伊豆地震を引き起こしたのは、伊豆半島の北部を南北に延びる丹那断層の活動であった。丹那断層とそれに関連する複数の断層(箱根町断層、浮橋断層、小野断層など)が動いて、地表に地震断層を生じた。断層の活動した総延長は約三五km、南北に伸長する丹那断層を挟んで、相

図 2–5　火雷神社に残る断層の跡．石段の正面にあるべき鳥居が，破線で示した断層を挟んで右横にずれている

対的に東側が北へ、西側が南へ動く左横ずれの断層運動であり、水平変位は、丹那盆地で最大約三・五ｍに達した。

　地震断層の跡は、現在二か所で保存されており、見学することができる。田代盆地の火雷《からい》神社では、石段と鳥居とのあいだを断層が走ったため、石段の正面にあるべき鳥居が、右横にずれていることがわかる。丹那盆地の畑《はた》地区では、ごみ捨て場だった所の石垣や水路、環状列石が、約二・六ｍ左ずれを起こしたことがわかり、文部省（当時）の指定を受け保存されている。

　北伊豆地震が発生した一九三〇年ころは、ちょうど東海道線の丹那トンネルを掘削している最中だった。当時の東海道線は、国府津《こうづ》～沼津間については、現在の御殿場線を通っていたため、遠まわりで時間がかかることから、丹那トンネルを開通させて、時間の短縮をはかろうとしていたのである。

南北に延びる丹那断層は、建設中の丹那トンネルの中央部で、トンネルと直交するかたちになっていた。したがって掘削は、丹那断層の破砕帯(過去からの断層活動によって脆くなった地質)を横切ることになり、しばしば岩盤の崩落や大量の出水にあうなど、犠牲者もでて工事は難航していた。

そのさなかに丹那断層が活動して、北伊豆地震が発生したのである。断層は掘削中の丹那トンネルを横切り、二・七mの左横ずれを生じてしまった。そのため、設計どおりに両側から掘り進んでいくと、その分だけ横に食い違ってしまうことになる。仕方なく、トンネル内のずれた部分で、線路をS字状につなぎ、東海道線を開通させたというエピソードがある。

### 目立った土砂災害

北伊豆地震によって大災害となった地域は、活動した断層に沿う田代や丹那などの山間盆地と、韮山など旧狩野《かの》川沿いの軟弱な沖積地とに大別することができる。断層群の最北端にあたる箱根でも、多くの家屋が倒壊し、箱根離宮の日本館も潰れて大屋根だけが地面をおおった。

また、大規模な山崩れも各所で発生した。なかでも中狩野村佐野梶山の山腹で起きた崩壊は、長さ一・五㎞にも及び、農家三戸を埋没、家族一五人と馬三頭のいのちを奪った。崩壊による土砂は、狩野川の本流をせき止め、一時は上流側に湖水を形成したが、やがて自然の流水が水路を開いて、決壊による災害にはいたらなかった。しかし狩野川の下流では、数日間にわたって、赤茶色に濁った泥水が流れつづけたという。北狩野村の大野旭山でも、面積三haに及ぶ崩壊があり、住宅四戸が埋没、八人の死者がでた。

また、道路や橋梁も各所で被災し、交通網が打撃を受けた。山崩れや崖崩れによる道路の寸断、路面の亀裂や陥没、倒壊した家屋による道路の閉塞、さらには橋桁《はしげた》の落下や破損などがいたる所で発生した。

図 2-6　倒壊した箱根離宮日本館

三島と修善寺《しゅぜんじ》とを結び、伊豆半島の重要な交通機関だった駿豆《すんず》線(現・伊豆箱根鉄道)の被害も大きかった。線路の湾曲や築堤の沈下などが発生し、鉄橋も破損、伊豆長岡駅の駅舎も倒壊した。こうした道路や鉄道、橋梁などの被害は、被災地への救助・救援活動に大きな支障をきたす結果となり、復旧・復興の遅れを招いたのである。

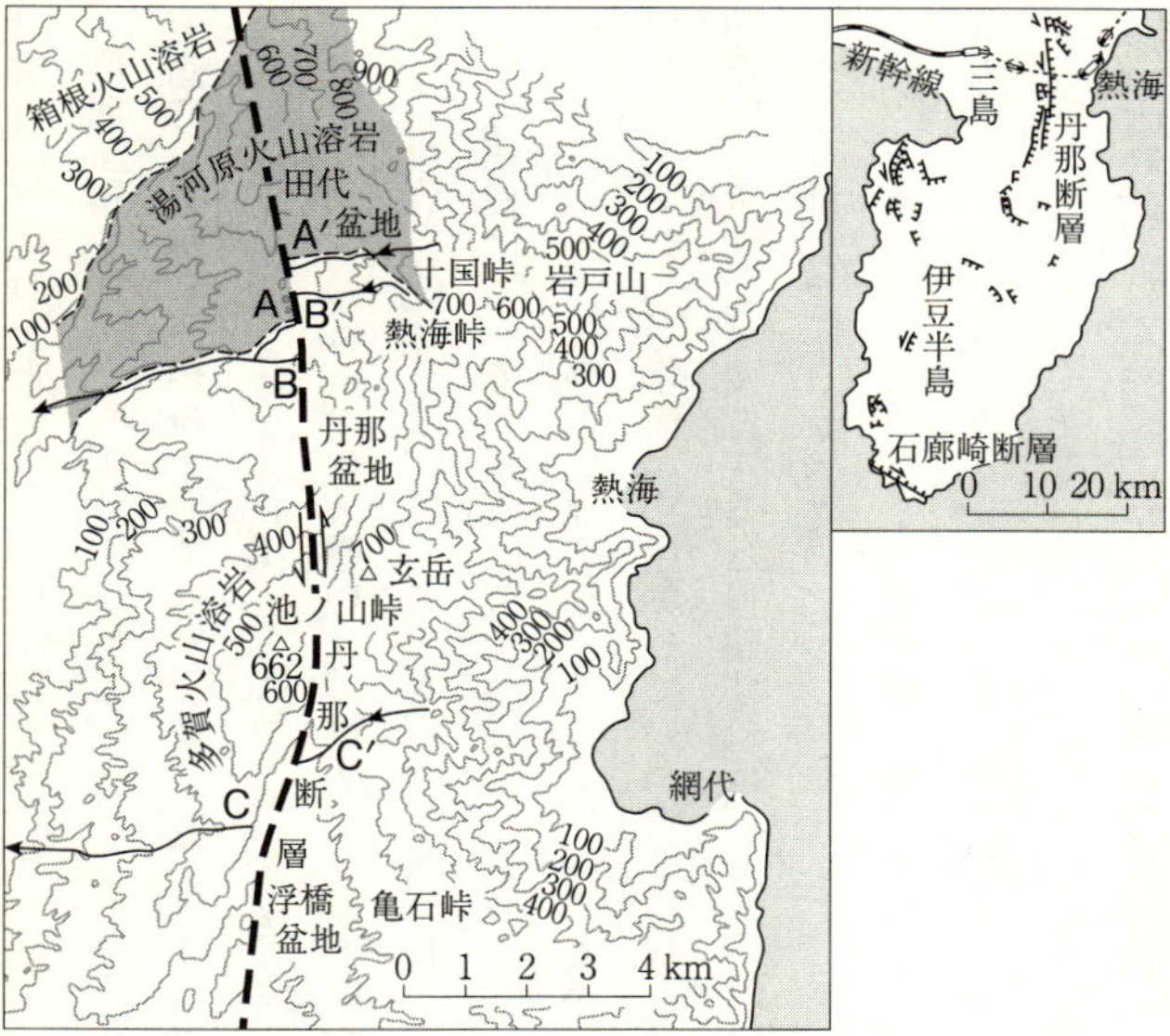


**図 2–7**　丹那断層を挟んで A，B，C の谷の上流部が A’，B’，C’ にずれている（久野久氏による）

## 丹那断層の活動度

戦後になって、東海道新幹線の建設が計画されたとき、新丹那トンネルは、一九三〇年に北伊豆地震を起こした丹那断層を横切ることになるから、高速鉄道を通しても大丈夫なのだろうかという疑問が、当時の国鉄内部から持ち上がった。

このとき、国鉄からの相談にあずかったのは、私の恩師でもある火山学者の久野久《くのひさし》東京大学教授であった。久野教授は、次に丹那断層が活動するのは、おそらく数百年先であろうと答えたので、計画は実行に移されたという。その根拠を要約すれば、次のようになる。

丹那断層を挟んで、両側の地形は約一〇〇〇m左ずれに食い違っている。たとえば、断層の東側で、東から西へ流下してきた谷が、断層にぶつかった所で途切れてしまい、その延長は、断層に沿って約一〇〇〇m南下したあたりから始まり、西へと向かっているのである(図2-7)。

この一〇〇〇mもの食い違いは、過去からの断層活動の累積によって生じたものであることは疑いない。とすれば、いつごろからの断層活動なのだろうか。

地質調査によって、湯河原火山から噴出された約五〇万年前の溶岩流が、丹那断層を挟んで、やはり一〇〇〇mの食い違いを起こしていることがわかっている。ということは、丹那断層は少なくとも五〇万年前から活動していたことになる。もし一回の活動によって、一九三〇年と同程度に平均二m変位すると仮定すれば、一〇〇〇mのずれを生じるためには、五〇〇回の活動つまり地震を起こせばよい。

五〇万年のあいだに五〇〇回活動してきたとすれば、平均一〇〇〇年に一回地震を起こしてきたことになる。したがって、丹那断層の活動によって起きる地震のおよその再来周期は、約一〇〇〇年ということになり、最近は一九三〇年に動いたばかりなのだから、当分は安泰であろうと結論づけられた。こうして、東海道新幹線の新丹那トンネルは、無事開通する運びとなったのである。

丹那断層については、近年トレンチ法による発掘調査が実施された。この調査は、活断層の走っている部分の地表を掘り下げて、地層のなかから過去の断層運動の痕跡を探しだし、出土した土器や放射性炭素による年代決定を行い、活断層の活動度を推測しようというものである。いわば、〝地震の化石〟さがしともいえよう。

一九八三年、「丹那断層発掘調査研究グループ」によって行われた発掘調査から、一九三〇年北伊豆地震の一つ前の地震を示す地層の乱れは、八三八年に神津島《こうづ》の噴火によって飛来した白色の火山灰のすぐ上にあることがわかった。

一方、『続日本後紀《しょくにほんこうき》』の承和《じょうわ》八（八四一）年の項には、「伊豆国地震為変、里落不完、人物損傷、或被圧没」と書かれており、この記事から、伊豆の国の大地震によって村々が壊滅し、死傷者のでたことが読みとれる。

この記事を、発掘調査の結果と照合してみれば、『続日本後紀』に記された八四一年の地震こそ、丹那断層が動いて起こしたものであり、それから一一〇〇年近くを経て、一九三〇年の北伊豆地震が発生したことになる。こうして、かつての久野先生の推論が、発掘調査によって実証されたのである。

# 第3章

# 戦争に消された大震災

東南海地震で壊滅した町並み

## 1　東南海地震

終戦前後の五年間は、まさに社会的混乱の時代だったが、実は日本列島の大地そのものも激動の時代であった。一〇〇〇人規模の死者をだす大地震が相次いだのである。一九四三年鳥取地震、一九四四年東南海地震、一九四五年三河《みかわ》地震、一九四六年南海地震、一九四八年福井地震と、五つの大地震、それも海溝型の巨大地震と内陸直下の地震が連続して発生した。

五つの大地震のなかでも、終戦まぢかの一九四四年から四五年にかけての二つの地震、東南海地震と三河地震は、わずかひと月あまりの間隔をおいて発生した。それぞれに大災害をもたらしたのだが、戦時下の、それも戦局が厳しさを増すなかでの震災だっただけに、被害の実態はほとんど国民に知らされることはなかった。まさに戦争によって、真実が消し去られた震災だったのである。

### 愛知・静岡の被害

一九四四(昭和一九)年一二月七日、東南海地震(M7・9)が発生した。遠州灘《えんしゅうなだ》から紀伊半島沖にかけての南海トラフを震源とする巨大地震である。静岡・愛知・三重県下の被害が大きく、死者・行方不明一二二三人、住家の全壊一万七五九九戸、津波による流失三一二九戸を数えた。

図 3-1　倒壊した木造家屋群(飯田汲事氏提供)

図 3-2　倒壊した半田市内の工場(飯田汲事氏提供)

とりわけ、伊勢湾の北部、名古屋市から半田市《はんだ》にかけての港湾地帯に立地していた軍需工場で多数の死者がでた。なかでも悲惨だったのは、戦時下の勤労動員によって働かされていた中学生が、数多く死傷したことである。

名古屋市の三菱航空道徳工場は、「零戦《ゼロせん》」と呼ばれていた戦闘機の製造工場であったし、半田市にあった中島飛行機半田製作所山方工場は、当時全国の航空機生産の約七％を占めていたとされ、高性能偵察機「彩雲」を生産する中心工場でもあった。これらの工場では、航空機生産のために柱を何本も抜いてしまうなど、耐震への配慮がまったくなされていなかったため、激震によってたちまち倒壊し、多くの人命を奪ったのである。

静岡県下では、袋井《ふくろい》や掛川《かけがわ》など、地盤の軟弱な太田川や菊川の流域に被害が集中した。今井村では、三三六戸のうち三二二戸が倒壊、全壊率は九五・八％に達した。山梨町でも、六二六戸のうち二四四戸、全壊率は三九・〇％であった。袋井では保育所が倒壊し、保母一人と園児二一人が死亡した。同町では、このほか学校や病院など、公共の建物にも大きな被害がでた。当時の被災体験者の手記が、一九八二年、静岡県中遠《ちゅうえん》振興センターによって、『昭和19年東南海地震の記録』としてまとめられている。

袋井西小学校の四年生だった筒井千鶴子さんは、五時間目の習字の時間にこの大地震に遭遇した。その手記によれば、地震の揺れが襲ってきたとき、教室にいた先生は、空襲による爆風と思ったらしい。学校では当時、空襲に備えての避難訓練はしていたが、地震を想定した訓練は実施していなかった。地震がどんなものかも、まったく知らなかったという。

「私が席をたち、前へ駆けだしていく時にはもう、教室の両側の窓ガラスは、パチパチと音をたてて割れていました。このガラスの破片が体にささり、亡くなった人がいました。

走っている体は、校舎のゆれで思うようになりません。よろよろとよろけながら、前の方の机にぶつかりころんでしまいました。その時です。〝ゴゥー〟という音と共に、あたりが急にまっ暗になってしまいました。闇の中で目が慣れてくると、あたりの様子がわかってきました。体は、下向きに倒れ、頭の上には天井がおおいかぶさるようになっていました。（中略）廊下へ出た人達は、ひさしの大きなはりを直接、体に受け、死亡したり怪我をしたりしました。私は、教室の中で、机が倒れてきた柱を支えてくれたために、ある程度は、体を動かすこともでき、怪我もしませんでした。（中略）そのうちに天井に穴があき、屋根の上を歩く人の足が見えました。大声で〝助けてェ。ここにいるよう〟と、力いっぱい何回も大きな声を出しました。だんだん穴が大きくなって、人の顔が見え、外へ助け出されました」

### 諏訪市の〝飛び地的〟被害

長野県諏訪《すわ》市は、東南海地震の震源域から二〇〇㎞以上離れていたにもかかわらず、多くの建物が全半壊するなどの被害を生じた。諏訪湖の沿岸に発達している諏訪市は、地盤が軟弱なため、震度6に相当する揺れに見舞われたのである。

太古の諏訪湖は、さらに南の方へ広がっていて、現在の二倍ほどの面積があったという。その後、河川の運んできた堆積物によって、南半分がしだいに埋め立てられ、そこに町が発達してきたという経緯がある。

当時、諏訪湖の沿岸には多くの軍需工場が立ち並び、軍需品の生産が盛んであった。地震の当日、諏訪市全域では、敵機の来襲に備えて防空訓練が行われていた。午後一時三五分ごろ、激しい山鳴りとともに大きな揺れが諏訪盆地に襲いかかってきた。「敵機の爆撃だ」という声も上がったという。たちまち、民家や工場が各所で倒壊し、土煙が舞い上がった。

この日、諏訪警察署長は、市民に対して次のような布告を発表している。

「本日午後一時四十分ごろ、諏訪市を震源とする地震発生。市内に大きな損害がでたが、郡民は流言に惑わされず、復旧と生産に励め」

警察署長が、この布告のなかで〝諏訪市を震源とする地震〟と発表したのは、市民に諏訪の局地的地震と思いこませ、名古屋方面の大震災について知る機会を与えない意図があったからとも考えられる。そのため諏訪の市民は、戦後の長いあいだ、この地震を〝諏訪地震〟と呼んでいた。

市民がこれを東南海地震だったと知るのは、地震後四〇年を経た一九八四年であった。この年の九月、長野県西部地震（M6・8）が発生し、御嶽山《おんたけ》が大崩壊するなど、王滝村《おうたき》を中心に大規模な土砂災害に見舞われた。この地震が契機となって、一九四四年に起きた通称〝諏訪地震〟の真相を知ろうと、市民有志が立ち上がり、当時の中央気象台による『極秘　昭和十九年十二月七日　東南海大地震調査概報』や『気象要覧』を調べ、地震の真相を究明したのである。また市民は、「東南海地震体験者の会」を組織して、地震当時の貴重な証言をまとめ、『東南海大地震記録集』として出版した。それによれば、諏訪での災害は、全壊二一（工場事業所八、民家一三）、半壊八二（工場事業所七、民家七三、学校・寺院二）となっている。さいわい死者はでなかった。

市民の積極的な活動の結果、東南海地震による被害の実態が明らかになったことも踏まえて、二〇〇二年、諏訪市をはじめとする周辺六市町村は、切迫する東海地震に備えるための「地震防災対策強化地域」に、新たに編入されたのである。

図3-3　津波で陸に押し上げられた尾鷲港の漁船(飯田汲事氏提供)

**熊野灘沿岸に大津波**

東南海地震は、海溝型の巨大地震であったために、熊野灘沿岸には大津波が襲来した。とりわけ大災害となったのは、当時の尾鷲《おわせ》町、錦《にしき》町、吉津《よしづ》村などで、波高は尾鷲で八〜一〇m、錦で七m、吉津で六m前後とされている。

尾鷲には、地震発生から二六分後に大津波が襲来、港に停泊していた漁船を陸に押し上げ、家々を破壊した。流失または倒壊した家屋五四八戸、死者・行方不明は九六人を数えた。

現在は紀勢《きせい》町に属する錦も、壊滅的な災害となった。『錦町昭和大海嘯記録』を要約すると、「地震後十数分で大津波が襲来、飛沫を立て、堤防から逆まく怒濤《どとう》となって押し寄せ、驚いた町民はいち早く避難した。海岸沿いの大半の民家はたちまち将棋倒しとなり、倒壊した家屋の古材が浦に充満した。古材の上に乗って救いを求める者、沖に出漁していた漁民が、家を案じて戻ってきたとき、船が転覆して溺死する者などがあったが、如何《いかん》ともする術《すべ》がなく、人びとは地団駄を踏んで泣き叫んだ。津波は、二回、三回、四回と襲いかかり、倒壊戸数一九二、流失戸数一五五、死者六四名に達した。両親を失った者、最愛の妻子を亡くした者、甚《はなは》だしいのは、子ども一人だけを残して、一家が犠牲となった家庭もある。罹災者は、着の身着のままで、食べるに食なく、住むに家なく、寒空に一枚の夜具もないありさまだった」と、津波被災地の惨憺たる状況が記されている。

## 戦局悪化のなかで

一九四四年東南海地震は、これほどの震害と津波災害をもたらしたにもかかわらず、国民にはほとんど知らされなかった。戦時下で、厳しい報道管制が布《し》かれていたからである。

一九四一年一二月に始まった太平洋戦争は、はじめの半年間は日本側の勝利の連続だったが、四二年五月の珊瑚海海戦で、日本海軍は大きな打撃を受け、六月のミッドウェー海戦での大敗を機に、戦局は劣勢に転じた。さらに、四三年二月まで続いたガダルカナル島の戦闘では、日本軍は全滅に等しい惨状となり、生き残った少数の兵だけがかろうじて島を脱出した。太平洋戦局の主導権を握ったアメリカは、一九四三年のうちに、南～中部太平洋の島々を、次々と奪い返し、四四年六月には、マリアナ諸島のサイパン島も米軍の手に落ちた。一〇月には、フィリピン沖海戦で日本の連合艦隊は敗北、レイテ島が米軍に奪還された。

この間、日本の国内では、国民は窮乏生活を強いられていた。戦争の長期化とともに、食糧は不足し、衣類の調達もままならなかったのである。

一方では、兵力増強を図るため、一九四三年一〇月には大学生らも召集され、〝学徒出陣〟の名のもとに戦地へと駆りだされていった。四四年には、中学校の男女生徒が、〝勤労動員〟として軍需工場や土木現場などで働かされるようになった。

サイパン島を手中にした米軍は、ただちに空軍基地を整備し、日本本土への空襲を目指した。一九四四年一一月二四日、B29爆撃機九四機が、初めて東京を空襲した。いよいよ本土が空襲を受けるという危機感が、国民のあいだに広がりはじめた一二月の七日、東南海地震が発生したのである。

## 隠された大震災

太平洋戦争は、すでに末期的症状を呈していたのだが、軍部は各戦線での敗北をひたかくしにしたうえ、大本営発表では、赫々《かくかく》たる戦果のみを強調していた。そのおかしさに、国民はうすうす気づきはじめていたといえよう。そのような空気のなかで、もし日本の中枢にあたる地域が、大震災に見舞われたことを公表すれば、国民の戦意喪失につながるのではないかと、軍部は懸念を抱いていたのである。

東南海地震の翌日つまり一二月八日の朝刊は、まさに象徴的である。各紙とも、第一面は軍服姿の昭和天皇の写真で飾られ、まわりは威勢のよい戦争記事や必勝への誓いなどで埋められている。なぜ天皇の写真が一面トップを飾っているかといえば、この日は三年前の一九四一年、米英に対して宣戦を布告し、開戦の詔書を戴いた「大詔奉戴日《たいしょうほうたいび》」だったからである。

では地震の記事はどこにあるのかと探せば、たとえば『朝日新聞』では、社会面の下段に「昨日の地震」と題した小さな記事があるだけで、その内容も、「一部に倒半壊の建物と死傷者を出したのみで大した被害もなく、郷土防衛に挺身する必勝魂は、はからずもここに逞しい空襲と戦ふ片鱗を示し復旧に凱歌を上げた」などと書かれており、もちろん、被災地の写真など掲載されてはいない。当時、新聞やラジオ放送は、「軍機保護法」によって厳しく統制されており、マスメディアは、真実を伝えることすらできなかったのである。

しかも、各地での戦闘で多数の航空機を失い、それを補うための増産が求められている航空機工場が地震で倒壊したことは、航空兵力にとって致命的な打撃であった。したがって、軍需工場の大規模な被災状況が外部に漏れぬよう、機密の保持が最重要課題だったのである。

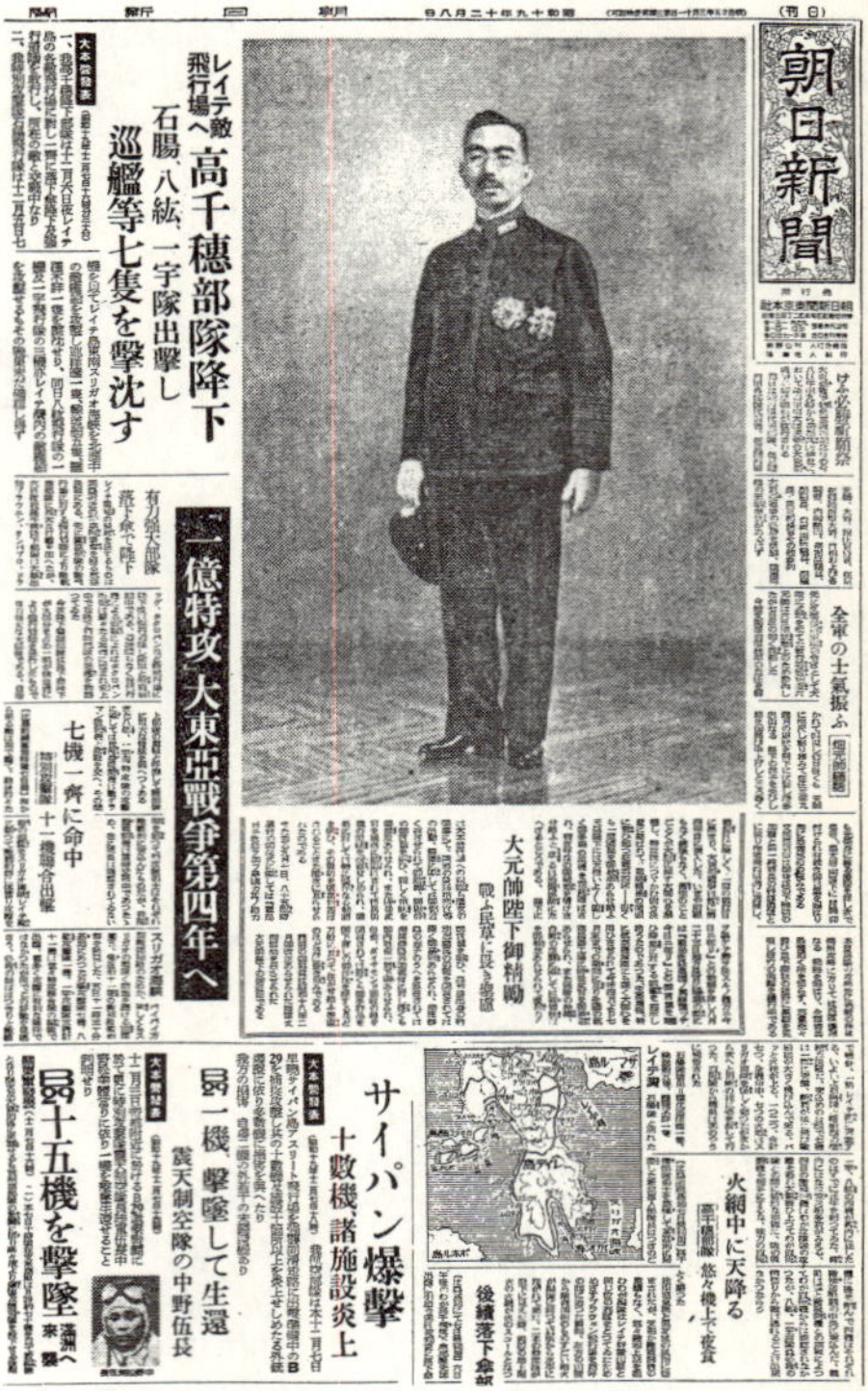
朝日新聞

レイテ敵飛行場へ 高千穂部隊降下

石腸、八紘、一宇隊出撃し 巡艦等七隻を撃沈す

「一億特攻」大東亞戰爭第四年へ

有力強大部隊 落下傘で降下

七機一斉に命中

大元帥陛下御精勵

全軍の士氣振ふ

サイパン爆撃 十數機、諸施設炎上

一機、撃墜して生還 震天制空隊の中野伍長

十五機を撃墜

火網中に天降る

後續落下傘部

図3-4　1944(昭和19)年12月8日付『朝日新聞』の一面

しかしアメリカは知っていた。M8クラスの巨大地震ともなれば、地震波は地球をまわる。アメリカのみならず、世界の地震観測網がそれをとらえていた。さらに、地震とともに発生した津波は、太平洋を横断してハワイやアメリカの西海岸にまで到達し、検潮儀に記録されていたのである。現実に、『ニューヨーク・タイムズ』や『ワシントン・ポスト』は、日本の中枢部で大地震があったことや、軍需工場が壊滅的打撃を受けたことなどを、大きく報道している。〝知らぬは日本国民ばかり〟だったのである。

それかあらぬか、このあと名古屋市は、追い打ちをかけられたように、空襲の洗礼をしばしば受けることになる。地震から六日後の一二月一三日には、八〇機のB29が来襲、三菱発動機製作所などで死者三三〇人、焼失四八七戸。一八日には七三機が飛来して、三菱航空機製作所などで死者三三四人、焼失三一三戸。さらに年が明けた一九四五年一月三日には、七八機が名古屋市を空爆して、死者七〇人がでるとともに、三五八八戸の民家が焼失した。中京圏にとっては、まさに〝泣きっ面に蜂〟の被災だったのである。

## 2　三河地震

### 直下地震による惨状

東南海地震の余震が頻発するなかで、翌一九四五(昭和二〇)年一月一三日未明、三時三八分に三河地震(M6・8)が発生した。この地震は、深溝《ふこうず》断層の活動による内陸直下地震で、地表には、延長約九km、上下のずれ最大二mの逆断層を生じた。

渥美湾沿岸の幡豆《はず》郡での被害がとくに大きく、形原《かたはら》(現・蒲郡市形原町)などを中心に、死者は二三〇六人、住家の全壊七二二一戸を数えた。東南海地震からひと月あまり、しかも空襲が続くなかで、住民は前月の大地震の痛手から立ち上がろうとしていた矢先の激震であった。

海溝型の巨大地震だった東南海地震(M7・9)に比べれば、この三河地震はM6・8と、地震のエネルギーは四〇分の一ほどにすぎないのに、犠牲者の数は二倍近い。この事実は、地表に地震断層が出現するような内陸直下の地震が、いかに激甚な災害を招くことがあるかを物語っている。しかも三河地震は、発生が午前三時半すぎで、ほとんどの住民が就寝中だったため、瞬時に倒壊した家屋の下敷きになって圧死した人が多いのである。

**図 3-5**　水田に現れた深溝断層(津屋弘達氏撮影)

**図 3-6**　倒壊した家屋

『わすれじの記――三河地震による形原の被災記録』には、生々しい体験談が載っている。

「家はドンドン、バリバリ引き裂かれるような不気味な音、上へ放り上げて、下へ叩きつけるような、それが凄い速さの連続だった。家族の者達は父の誘導で、勝手口から一斉に裏庭へ飛び出した。その時、すでに勝手口のガラス戸は外へ倒れてメチャメチャに割れていた。その上をみんなは足袋はだしでバリバリと踏んで走った。(中略)あたりは一瞬にして阿鼻叫喚の巷と化していた。おまけに凍りつくような寒さと真の闇だ。突然すぐ近くの家から血をしぼるような叫び声が、女のような黄色い声で〝おっ母ぁと子供達が下敷きになっとるで。早う誰か助けとくれー〟と必死で救いを求めているではないか。すぐとんで行ってあげたくてもまっ暗で、どこかに大きな亀裂が口を開けているようで恐しかった」(小久保君江・一九歳)

「突然ドーンという大きな音とともに家が大きくゆれました。電気は消え、揺れは上下動で大きく揺れ、びっくりした私は長女をこわきにかかえて外に出ようと夢中でした。一歩足を踏み出せばひざが畳に着いてしまい歩くことが出来ず、どうして来たのか必死の思いで土間までおりました。(中略)空が明るくなるにしたがって被害の状況も知ることが出来、あまりの大きさに驚き、多くの方が家の下敷になり死んだと聞かされ、胸のつまる思いがしました。

ある所では、土層もかなりの変動により低い所が高くなったり高い所が低くなったりして、変化は激しいようでした。その後も余震が続いていましたので、防空壕にはいることが出来ず、地震小屋を建てそこで生活を始め、母屋が半壊状態でしたので約半年位その小屋で不自由な生活をすごしました。（中略）死亡された方の数が多いため火葬場で火葬することが出来ず、ある場所に集めて火葬するのであるが、これが戦時中であるため空襲警報が発令されると急いで水をかけ火を消し、また警報が解除になると火をつけて火葬にかける、するとまた警報の発令、消火と、これを何度もくりかえして火葬をしたそうです」（市川武子・一二四歳）

この手記にあるように、死者の多かった町村では、数十人ずつまとめて集団火葬が行われた。しかも、空襲に備えての灯火管制下であったため、火をつけては消すという作業を繰り返さねばならなかったという。こんなところにも、戦争が影を落としていたのである。

**疎開学童の悲劇**

三河地震で、多くの人の涙をそそったのは、東京や名古屋から集団疎開をしていた多数の学童が、地震の犠牲になったことである。疎開した子どもたちは、いくつもの寺に分宿していた。そもそも寺院は、本堂の壁が少ないうえに瓦屋根が重く、耐震性の低い構造になっている。『西尾市史』によると、当時この地域では、名古屋市の三つの国民学校からの児童一三六五人を受け入れていた。なかでも、分宿していた寺が倒壊して、多くの犠牲者をだしたのは大井国民学校であった。

安楽寺には、三年生の男女三〇人ほどが泊まっていたが、本堂が倒壊、青年団が本堂の屋根を破って児童を次々と救出したのだが、八人が亡くなった。福浄寺には、五年生四八人が宿泊していたが、本堂の倒壊によって一一人が命を落とした。三年生の男子二九人が宿泊していた妙喜寺では、本堂も庫裏《くり》も全壊し、先生一人と児童一二人が犠牲になった。

地震のあと、大井国民学校や地元関係者が、三つの寺(安楽寺、妙喜寺、浄福寺)の名前から一字ずつをとって「安喜福会」という組織を結成、戦後になってから、犠牲者の冥福を祈って、「師弟延命地蔵」を刻み、本像を妙喜寺に、分身像を他の二つの寺に安置したという。

振り返ってみれば、幼いいのちを奪ったのは、直接的には地震だったのだが、遠因はやはり戦争そのものにあったといえよう。

太平洋戦争の戦局が日ごとに不利になっていく状況のなかで、米軍機の空襲に備え、大都市に住む学童の集団疎開が始められたのは、一九四四年夏であった。戦争に追い立てられ、親もとから引き離された子どもたちが、食糧も乏しく、衛生状態も悪い環境のもとでの集団生活を余儀なくさせられていたのである。しかも三河の地では、激震によって多くの児童が人生の前途を奪われてしまった。

戦争さえなければ、東南海地震での勤労動員の中学生の死も、三河地震の疎開児童の悲劇も起きなかったはずである。

三河地震については、前月の東南海地震のときよりも、さらに報道は希薄だった。二三〇〇人をこえる死者がでたにもかかわらず、真相はまったく知らされなかったのである。

内陸直下地震であったため、強い揺れに見舞われた範囲が局所的であり、震源地から離れるにつれて揺れは急速に減退し、関東あたりでは、震度1か2程度だったと思われる。したがって被災地以外では、報道がなければ、大震災の発生を知るよしもなかったのである。

せいぜい一部の新聞が、「東海地方に地震、被害最小限度に防止」「被害の多くは納屋や物置小屋」「愛知県下では、棚の物が落ち、水槽の水がこぼれ、人びとは何れも夢を破られて戸外に飛び出した」など、被害を意識的に過小評価した記事を書いた程度であった。報道管制下で、大災害の実態は完全に蓋をされてしまったのである。

疎開学童に多くの死者がでた現場では、駆けつけた警察官が、生き残った子どもたちに対して、「お前たち、ここで見たことは見なかったことにしろ」と命令したという。悲惨な状況を他の場所で口外するな、という意味である。まさに当時の世相を象徴する事例であった。

## 制約された地震調査

東南海地震も三河地震も、大災害を招いただけに、当時の地震学者や中央気象台関係者が、現地調査を実施している。それらはいずれも極秘扱いの報告書としてまとめられた。

東南海地震については、中央気象台による『極秘　昭和十九年十二月七日　東南海大地震調査概報』や、水上武《みなかみたけし》、宮村攝三《みやむらせつみ》らによる『東京帝国大学地震研究所研究速報　第四号』がある。いずれも、各種震害の状況や津波の波高、津波被害などについての報告が載せられており、貴重な資料となっている。

三河地震については、中央気象台の『三河烈震地域踏査報告』や、愛知県がまとめた『三河地方震災状況記録』などがある。しかしこれらは、いずれも極秘文書扱いであったから、一般の人の目に触れることはなかった。

その一方で、被災地の調査にあたった学者たちの苦労は、ひとかたならぬものであった。調査に必要な機器も不足しているうえ、写真撮影にあたっても、いちいち憲兵隊や警察の許可を得なければならなかったという。津屋弘逵《つやひろみち》氏(東京大学地震研究所)が、三河地震のあと、現地で深溝断層の写真を撮っていたところ、憲兵にとがめられ、危うくカメラを取り上げられそうになったという話を、生前ご本人から聞いたことがある。

現在は、大地震が発生すれば、地震学者や地震工学者、津波学者などが、ただちに必要な機器を携えて現地へ飛ぶ。調査の結果は、将来の地震学や地震工学の発展に寄与し、さらには防災上の新たな課題をも提供している。しかし、東南海地震、三河地震の当時は、現在では想像もできないほど調査行動が制約され、不自由を強いられていたといえよう。

終局を目前にした太平洋戦争が、日本の地震学、防災学の発展を阻害したといってもいいのではないだろうか。

## 3　相次ぐ南海トラフ巨大地震

### 南海地震の発生

東南海地震の二年後、終戦から一年四か月を経た一九四六(昭和二一)年一二月二一日、南海地震(M8・0)が発生した。

戦災に焼かれた町では、まだ急造のバラック建ての家で、人びとは窮乏生活に耐えていた。敗戦の現実が次々と大きな苦難を招きよせ、食糧や衣類の不足、経済の混乱、物価の高騰と、明日をも知れぬ不安が、国民生活に大きな影を落としているさなかの巨大地震であった。

南海地震は、紀伊半島沖から四国沖にかけてを震源域とする海溝型巨大地震で、一九四四年東南海地震の西側に隣接する海域で発生したものである。

地震の発生は早朝の四時一九分、被害は中部地方から近畿、四国、九州にまで及んだ。震害の最も大きかったのは高知県中村町で、全壊家屋二四〇〇戸あまりに達した。四万十《しまんと》川にかかる鉄橋も、九つの橋桁のうち六つが落下した。

全般に震害よりも津波による被害が大きく、三重、和歌山、徳島、高知各県の沿岸では、波高が四〜六mに達した。

高知県須崎《すさき》港には、地震発生の一〇分後に津波の第一波が到達、以後二時間半ほどのあいだに、津波は六、七回襲来したという。とりわけ津波で流れだした流木が、避難の妨げとなり、被害を拡大した。須崎だけで、家屋の流失一六八戸、死者五八人をだしている。

徳島県浅川港（現・海南町浅川）の被害も大きく、東に向いて開いたV字形の湾の奥で津波の波高が上がり、そのまま陸へ這い上がって多くの人家を流失した。また浦上川を遡上した津波が、周辺に溢れて、さらに被害を拡大した。そのほか、道路や橋梁、田畑などに壊滅的な被害を生じた。『浅川村震災誌』によると、数波の津波がほぼ一五分ごとに襲来し、第二波が最も高く五・二mであった。当時、山の上から浅川港を見ていた人の証言によると、第二波の去ったあと、八〇〇mほども沖合まで潮が引いて海底が露出し、海岸近くにいたイカ釣りの船が、一・五kmほど沖へ引き去られたという。浅川村の被害は、家屋の全壊三六四戸、流失四四戸、死者八五人であった。

南海地震による被災地全体での被害は、死者が一三三〇人、全壊家屋一万一五九一戸、流失一四五一戸、焼失二五九八戸とされている。

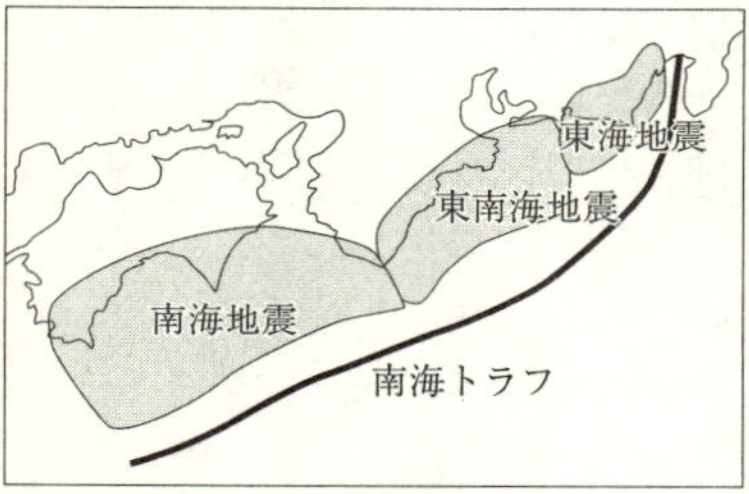


**図 3-7**　南海地震，東南海地震，東海地震の想定震源域

### 南海トラフ巨大地震の発生予測

終戦の前後、一九四四年東南海地震、続いて一九四六年南海地震と、南海トラフ巨大地震が、二年の間隔をおいて相次いで発生したが、過去には、東海・東南海と南海の三つの地震が同時に発生したこともあり、あるいは、まず東海・東南海の二つが同時発生してから、短い間隔をおいて南海地震が発生したこともある。

一七〇七(宝永四)年の宝永地震のときには、三つの震源域が同時に動いて超巨大地震(M８・６)となった。一八五四(安政元)年には、まず東海・東南海の震源域が動いて安政東海地震(M８・４)が発生し、その三二時間後に安政南海地震(M８・４)が発生している。一九四四年と一九四六年の場合は、二年の間隔があるが、二年などというのは、自然の時間にしてみれば一瞬にすぎない。連続して起きたとみるのが妥当であろう。

ところで、一八五四年安政東海地震のときには、東海と東南海の震源域がともに動いたのだが、一九四四年東南海地震のときには、断層破壊が静岡県の浜名湖沖ぐらいまでで止まってしまい、そこから東つまり遠州灘から駿河湾内にかけては破壊が起きなかった。残されたその部分こそ、切迫性が指摘されている「東海地震」の想定震源域であり、一八五四年から一五〇年以上も地震を起こさずに、エネルギーを溜めつづけていると考えられているのである。

したがって東海地震については、地震を直前に予知するための観測網の整備とともに、防災対策の充実が急務となり、「地震防災対策強化地域」の指定が行われてきた。

一方、東南海地震と南海地震については、二〇〇四年に発表された将来予測で、三〇年以内に発生する確率が、東南海地震は六〇%、南海地震は五〇%となっている。ただ両地震とも、発生の可能性が最も高いのは、二〇三〇年代であろうと推測されている。

# 第4章

# 環境改変が招いた都市災害

宮城県沖地震で地すべりを起こした丘陵造成地

近年の自然災害を振り返ってみると、人間の手による環境の改変が、新たな災害を招いたり、災害の規模を拡大している例の多いことがわかる。本来、自然に所属しているところを、人間のものにしようとしたがために、自然から手痛いしっぺ返しを食らったともいえよう。とりわけ地震災害に関して、そのような傾向が顕著に見られるのである。

## 1　新潟地震

### 震源は粟島沖

一九六四(昭和三九)年六月一六日の午後一時一分、新潟地震が発生した。震源は、新潟市から北へ五〇㎞ほど離れた粟島《あわしま》南方の海底下で、地震の規模はM7・5、震源の深さは三四㎞であった。この地震により、山形県から新潟県にかけての日本海側では、ほとんどが震度5の強震となり、鶴岡市では震度6の烈震を記録した。

**図 4-1**　地震発生直後の新潟市全景．昭和大橋が落橋している

被害は、新潟・山形両県をはじめ九県に及び、死者二六人、全壊家屋一九六〇戸、全焼二九〇戸を数えた。家屋などの全半壊が多かったのは、新潟県では、新潟市・神林町・中条町・水原《すいばら》町、山形県では、酒田市・鶴岡市・遊佐《ゆざ》町・温海《あつみ》町などの各市町であった。神林町の塩谷集落では、全戸数三一六のうち半数にあたる一五二戸が全半壊したという。

また、津波が地震発生の約一五分後から日本海沿岸を襲い、新潟県の沿岸では波高が四m以上に達した所もある。遠く島根県隠岐島《おきのしま》でも、水田が冠水した。津波による犠牲者はなかったが、岩船町などでは、川を遡上した津波によって、多数の漁船が橋脚に打ちつけられる被害がでた。

震源に近い粟島は、地震とともに全体として約一m隆起した。隆起量は、東側が平均一・三m、西側が〇・九mで、傾動しつつ隆起したものである。

一〇月に東京オリンピックが開催されることになっていたこの年、新潟市では、その前夜祭として六月六日から一〇日まで第一九回春季国民体育大会が催され、地震の六日前に終了したばかりであった。もし国体期間中の地震であったなら、おそらく大混乱になったであろう。

### 燃えつづけた石油タンク群

新潟地震による災害を特徴づけたものの一つに、石油タンク群の火災がある。

新潟市では九件の出火があり、うち四件はすぐに消し止められたが、昭和石油新潟製油所のタンクから出火した二件は、二週間以上も燃えつづけ、鎮火したのは七月一日であった。

このタンク火災は、二〇〇三年九月二六日に起きた十勝沖地震(M8・0)のさい、苫小牧市にある出光興産北海道製油所のナフサ貯蔵タンクが燃えたときと同様、スロッシング現象によるものであった。

スロッシング現象とは、「液体容器の振動によって引き起こされる内容液の液面揺動」のこ

**図 4–2**　炎上する石油タンク群（消防庁『新潟地震火災に関する研究』より）

とを指す。平たくいえば、石油タンクや船舶に積載されているタンク内の石油が、長周期の地震動と共振を起こして大きく揺れる現象である。つまり、地震の周期がタンクの固有振動周期とほぼ一致した場合に共振が起き、タンク内の石油が溢れだしたり、場合によっては着火してタンク火災が発生することもある。

新潟地震は、石油タンクのスロッシング現象が、地震防災の大きな課題として重要視されるきっかけとなったのである。

また、この地震では民家二九〇戸が焼失した。この火災は、石油と津波が関与して発生したものである。地震動によって地下のパイプが折損し、漏れでた石油が津波とともに水面上を運ばれ、何らかの原因で着火して、それが民家に燃え移ったものと考えられている。

## 液状化災害の発生

新潟地震で大きな注目を集めたのは、新潟市内を中心に、地盤の液状化現象が発生したことである。信濃川沿いの地区を中心にして、地中から砂まじりの水を大量に噴きだし、砂が一mも堆積した所さえある。新潟市内の低地は、液状化で噴出した水と、津波による浸水とが重なって、水びたしの状態になった。

液状化によって、多くの建物が沈下したり傾いたりした。川岸町にあった鉄筋四階建ての県営アパートは、ほぼ横倒しになってしまった。アパートの四階に住んでいた主婦が、地震に驚いて屋上に逃げたところ、建物がずるずると傾いていって、気がついたら地面から三mぐらいの高さの所にいたという。彼女は、通りがかりの人に箱を積んでもらって助けだされた。

新潟市内に一五〇〇棟ほどあった鉄筋コンクリートの建物のうち、三一〇棟が何らかの被害を生じ、そのうちの三分の二が、沈下あるいは傾斜したという。

液状化によって地盤そのものが大きく流動したために、一部のビルでは、支持杭がすべて折れてしまっていたという事実も、その後の調査から判明している。

また道路には、いたる所で亀裂や段差を生じた。新潟駅では、駅舎やホームが波打ち、線路も蛇行、跨線橋《こせんきょう》が落下するなどの被害がでた。昭和大橋の橋桁は、一〇のうち五つが落下したが、これも信濃川の川底で液状化が発生して橋脚が揺らいだためとみられている。橋上を走行

**図 4-3**　横倒しになった新潟市川岸町の県営アパート

**図 4-4**　液状化による道路のひび割れ

中の車がなかったのは、せめてもの幸いであった。

一般に液状化現象は、よく揃ったゆるづめの砂地盤で、しかも地下水の水位が三m以下と浅い地盤環境のところで発生しやすい。砂の地盤では、ふだんは砂粒と砂粒のあいだに、互いの支持力いわば嚙みあわせの力が働いていて、しっかりと支えあっている。ところが、ここに強い地震の揺れが襲うと、砂粒どうしを結びつけていた支持力が瞬時にはずれてしまう。すると砂粒はばらばらになり、水の中に浮いたような状態になる。その結果、無数の砂粒は、水とともに液体のように流動することになる。これが地盤の液状化現象である。砂まじりの水を大量に噴きだす噴砂現象も発生する。

つまり〝砂＋水〟という地盤環境が、液状化の条件といえよう。港湾地帯や大河川の下流域、砂丘の内陸側、湖沼の周辺低地などが、液状化の発生しやすい地帯なのだが、近年とくに目立つのは、埋立地で液状化被害が多く発生していることである。

### 旧河道が液状化を招いた

新潟市内での液状化被害の分布を地図に描いてみると、興味深い事実が明らかになった。被害の大きかった地域は、信濃川の両岸に限られ、しかもその分布は、信濃川の旧河道とみごとに一致していたのである。つまり信濃川の昔の川の道が、液状化というかたちでありありと再現されたものといえよう。

川は本来、平野に出れば、ゆったりと蛇行しながら海へと流れくだっていく。信濃川も、もともとは新潟平野を幅広く蛇行しつつ日本海に注いでいたはずである。

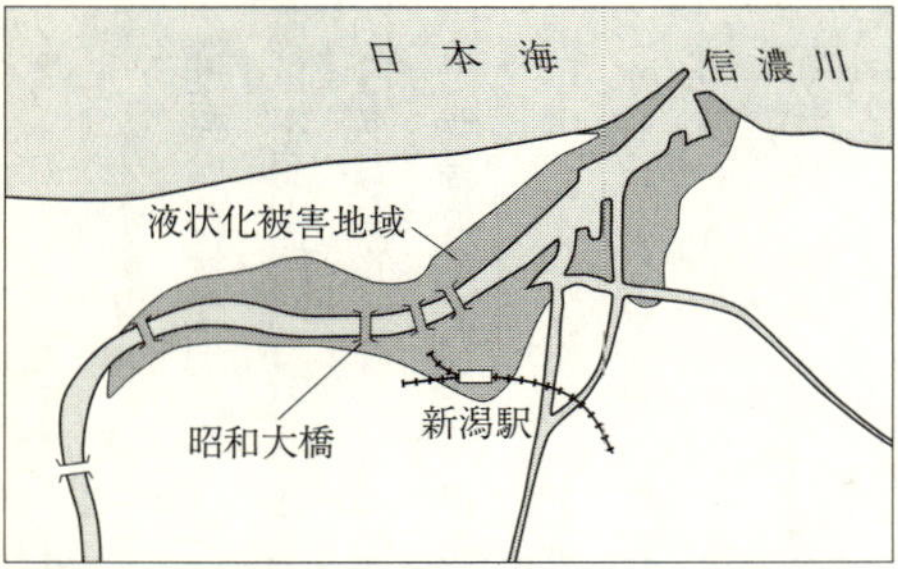

**図4-5**　液状化の被害分布が再現した信濃川の旧河道

しかし、都市開発を進めるにあたって、川が幅を広げて蛇行していたのでは、市街地化のための広い面積を確保することができない。そこで人間は、堤防を築いて、川の流れをそのなかに押しこめ、元の河道を埋め立てて町づくりを進めていく。新潟市の場合も、そのようにしてつくられた地盤環境の地域に、液状化被害が集中したのである。

一般に埋め立てには砂を使うことが多い。強い地震にさえあわなければ、砂はよい地盤を形成するからである。しかしそれは、〝砂＋水〟という液状化の条件を、人間が揃えてやっているようなものなのである。

本来〝川〟という〝自然〟に所属している環境を、人間のものにしようと改変した結果、大地震のさいに液状化というかたちで、自然からの報復を食らったともいえよう。

地盤の液状化現象は、新潟地震を契機に注目を浴びることになった。それ以後も、一九八三年日本海中部地震や一九九三年釧路沖地震のさいに、各所で液状化被害が発生している。とくに日本海中部地震では、秋田市や能代《のしろ》市で、沼や湿地を埋め立てて造成された新興住宅地に液状化被害が集中した。一九九五年兵庫県南部地震のさいも、人工島である神戸市のポートアイランドでは、大規模な液状化現象が発生して、砂まじりの水を大量に噴きだし、一時はまるで洪水のような状況になった。

海外では、一九八九年ロマプリータ地震のときに、サンフランシスコのマリーナ地区で液状化が起き、被害を拡大している。ここもまた、海を埋め立てて造成された地区であった。

### 地震予知への第一歩

新潟地震はまた、日本の地震予知に大きな鍵を提供した地震でもあった。

日本の地震予知計画の土台となったのは、一九六二年に発表された「地震予知——現状とその推進計画」で、通称〝ブループリント〟とも呼ばれている。

この計画は、地震を予知するためには何を研究すればよいかをうたったもので、地殻変動の観測、地震活動の調査、地震波の伝播速度の変化、活断層の調査、地磁気・地電流の調査などの項目が挙げられていた。この計画が発表されてから、二年後に新潟地震が起きたのである。

新潟地方では、一九五〇年代から天然ガスの採取にともない、大量の地下水を汲み上げたため、地盤沈下が進み、大きな社会問題となりつつあった。そこで、沈下の状況を詳細に把握する目的で、土地の上下変動を検出するための水準測量が、路線に沿って繰り返されていた。

新潟地震の発生後、震源域周辺での水準測量の結果を調べたところ、地震の起きる一〇年ほど前に、どの水準点でも、それまでの傾向とは違う異常な動きの観測されていたことがわかった。これは明らかに、大地震に先行する現象だったとして注目を集めることになった。

このようにして、地殻変動の観測が、地震予知への有力な手段として急浮上するきっかけとなり、日本の地震予知に大きな一石を投じたのが新潟地震だったのである。

## 2　宮城県沖地震

### 近代都市を襲ったM7・4

一九七八(昭和五三)年六月一二日の午後五時一四分、仙台市を強い地震が襲った。宮城県沖地震(M7・4)である。震源は、仙台市の東方沖約一〇〇㎞の日本海溝付近で、東北日本を乗せている北米プレートと、その下に沈みこんでいる太平洋プレートとの境界で発生した地震である。

地震による被害は、ほとんどが宮城県に集中し、家屋や道路、土木施設、鉄道などが被災した。全体で死者二八人、全壊家屋一一八三戸をだしたが、とくに仙台市の被害が顕著だった。市内では、電気、水道、ガスなどライフラインが断絶し、長期間にわたって市民生活に影響を与えた。このとき仙台市の震度は、体感によって5とされたが、被害の状況からみて、現在の震度計による計測であれば、震度6弱以上になっていたものと思われる。

二八人の死者のうち一八人は、ブロック塀や門柱などの倒壊によるもので、うち一六人が、六〇歳以上の年配者か一二歳以下の子どもたちであった。これを契機に、ブロック塀の耐震性が問題となり、全国の都市でブロック塀の緊急点検が行われることになった。

宮城県沖地震による災害は、新潟地震に次いで、日本の近代都市が直面した地震災害であり、また人災的要素のきわめて大きい震災であった。

図4-6　倒壊したブロック塀

一九七八年宮城県沖地震の四二年前、一九三六年一一月三日に、ほぼ同じ場所を震源とするM7・5の地震が発生している。一つ前の宮城県沖地震といってもいい。しかしこの地震による被害は、『理科年表』によれば、「福島・宮城両県で非住家全壊三、その他の小被害」などと記されているだけである。つまり、四〇年あまり前に起きたこの地震は、一九七八年の宮城県沖地震よりり、やや大きかったにもかかわらず、死者もなく、わずかに土蔵か倉庫のような非住家が三つ全壊しただけなのである。この違いは、いったいなぜ生じたのだろうか。

**新興住宅地に集中した地盤災害**

宮城県沖地震による仙台市での被害分布をみると、江戸

図 4-7　1階が潰れた大洋漁業ビル

時代から人が住んできた中心部の旧市街地では、被害が軽微だったのにひきかえ、それを取りまくようにして、周辺部に被害の集中していることがわかる。これらの地域は、戦後に発展した新興の開発地であり、東部の海岸に近い平地は、水田だった所を埋め立てて造成された産業団地、北部から南西部にかけての丘陵地帯は、仙台市のベッドタウンとして開発された造成宅地であった。つまり、四二年前には存在しなかった大都市周辺の開発地が、おもに被災したのである。

　埋め立てによる人工地盤の上に開発された産業団地では、誘致された各企業のビルで、一階部分が潰れてしまう被害が目立った。

　さらに深刻だったのは、丘陵造成地での被害である。各所で地盤の崩壊や地すべりが発生して、その上に建てられたマイホームが、足元をさらわれたようなかたちとなって全半壊した。宅地開発が進められる前、これら丘陵地帯は緑豊かな森林におおわれていた。しかし、都市圏の拡大とともに、ふくれ上がる仙台市の人口を吸収するため、森林は伐採され、住宅地に変えられていった。このとき、かなりずさんな造成が行われたとみられる。丘陵を刻んでいた谷に、大量の土砂を運びこんで盛土し、一見なめらかになった地形を雛壇式《ひなだんしき》に開発して宅地化を進めていった。このようにして造成された宅地が、見晴らしのよい高級住宅地として売りだされ、危険を潜在させたまま発展していったのである。

そのような地域に激しい地震の揺れが襲ったとき、もともと丘陵を構成していた地盤と、新たに盛土して造られた地盤との性質の違いから、両者の境界をすべり面として、斜面の崩壊や地すべりが多発した。この事実は、ずさんな都市周辺開発、拙速な環境改変がもたらした、人災的側面の大きな災害であったことを物語っている。

したがって、宮城県沖地震による災害は、高度経済成長が招いた開発優先の思想に、大きな疑問を投げかけた、きわめて現代的な震災だったといえよう。

**図 4-8**　白石市内で造成中の宅地が崩壊．隣接する墓地では墓石が一つも倒れていない

## 切迫する次の宮城県沖地震

歴史的にみると、いわゆる宮城県沖地震は、比較的短い間隔で発生している。政府の地震調査委員会が、過去の活動について吟味したところ、宮城県沖地震の震源域では、一七九三年以降、現在までに、六回の大地震が発生したと考えられた。一七九三年、一八三五年、一八六一年、一八九七年、一九三六年、一九七八年である。このうち、一七九三年の場合は、日本海溝寄りの震源域も連動したため、M8・2程度の巨大地震となり、大津波が発生している。

これら六つの地震の活動間隔は、二六・三年から四二・四年までの範囲となり、平均活動間隔は三七・一年ということになる。このように、宮城県沖地震はほぼ規則正しい間隔をおいて発生しており、最後の発生が一九七八年だから、次の地震に向けての折り返し点を、すでに過ぎてしまったとみなければならない。地震発生の可能性は年々高まっているというのである。

地震調査委員会の長期評価によると、二〇〇三年六月の時点で、宮城県沖地震が二〇年以内に発生する確率は八八%、三〇年以内では九九%と試算されている。つまり、三〇年経ってみれば、ほぼ間違いなく起きてしまっているということなのである。

宮城県は、一九七八年宮城県沖地震や一九九五年兵庫県南部地震(阪神・淡路大震災)から得られた教訓をふまえて、将来M7・5の宮城県沖地震が発生したときの被害想定を実施した。それによると、もし地震が、家庭内で火を使っている可能性の高い冬の夕方に発生すると仮定すれば、広域火災などによって、死者は約一三〇〇人に達し、全壊・焼失家屋は約一万八〇〇〇戸にものぼるであろうという。過去の災害に学びつつ、地震への備えを急がねばならない。

# 第5章

# 大津波襲来！

## ―三陸沿岸と日本海沿岸の地震津波―

日本海中部地震による大津波に洗われた海岸(伯野元彦氏撮影)

四方を海に囲まれている日本列島は、太古から繰り返し大津波に襲われ、多くの人命、財産が奪われてきた。まさに、津波は大量死を招く現象なのである。

太平洋沿岸では、千島海溝から日本海溝、相模トラフや南海トラフに沿って起きる大地震によって津波が発生するし、日本海側でも、プレート境界での地震が、津波を発生させてきた。

この章では、二〇世紀になってから、おもに東北地方の太平洋沿岸と日本海沿岸を襲った顕著な津波災害を取り上げる。

## 1　昭和三陸地震津波

### 大津波に洗われた三陸沿岸

東北地方の三陸沿岸は、昔からたびたび大津波による災害をこうむってきた。まさに津波常襲地帯といえよう。一八九六(明治二九)年の明治三陸地震津波では、死者約二万二〇〇〇人ともいわれ、津波災害としては過去最大の犠牲者をだしている(拙著『地震と噴火の日本史』岩波新書参照)。

明治の大津波で、壊滅的な災害となった三陸沿岸では、その後、多くの世帯が高台に移転した。しかし、漁民にとって海から離れて生活することは不便至極であり、その結果、時とともにほとんどの世帯が、もとの海岸へと戻ってきた。そこへ明治三陸地震津波から三七年後、ふたたび大津波災害に見舞われたのである。

一九三三(昭和八)年三月三日の午前二時三一分、三陸沖約二〇〇kmの海底でM8・1の巨大地震が発生した。これは、日本列島の下に沈みこんでいる太平洋プレートの内部が割れて起きた正断層型の地震であった。宮古や仙台、石巻などで震度5を観測したが、地震動による被害は比較的少なく、一部で崖崩れが起きたり、石垣や堤防が決壊、建物の壁に亀裂が入る程度のものであった。

しかし、地震の発生から三〇分〜一時間後に、大津波が

**図5–1**　全滅した田老村(『岩手県昭和震災誌』より)

北海道から三陸の沿岸に襲来した。波高は、北海道沿岸で一〜五m、青森県沿岸で一〜六m、岩手県沿岸では四〜二〇m、局地的には綾里《りょうり》湾のように二八・七mに達した所もある。宮城県沿岸でも、二〜一〇mの波高を記録している。

津波による災害は、岩手県沿岸がとくに甚大で、田老《たろう》村(現・田老町)田老では、三六二戸のうち三五八戸が流失し、人口一七九八人のうち七六三人が死亡した。人口に対する死亡率は、四二%に達する。

被災地全体で、家屋の流失四〇三四戸、倒壊一八一七戸、死者・行方不明三〇六四人を数えた。

## 巨大防潮堤の建設

明治三陸地震津波の起きた日(一八九六年六月一五日)は、旧暦の端午の節句にあたり、昭和三陸地震津波(一九三三年三月三日)の日は桃の節句にあたっていたことから、大津波は〝節句の厄日〟にくるというジンクスさえ生まれた。

昭和三陸地震には、前兆現象のあったことが知られている。ひと月ほど前から、井戸水が減少したり、地震の二日ほど前から、潮位が急激に低下するなどの現象が見られたという。

**図 5-2**　津波から町を守る田老の大防潮堤
（『田老町地域ガイド』より）

昭和の津波は、地震の揺れが弱いのに大津波が襲来した明治の津波のときと異なり、地震の揺れが強かったために、多くの人が危険を感じて速やかな避難行動をとるにいたった。三七年前に起きた明治三陸地震津波の体験者が生き残っていたことや、ラジオ放送による情報伝達手段の進展、電信・電話など通信施設の発達が効果を発揮したという。

それでも三〇〇〇人をこえる犠牲者をだしたことから、三陸沿岸の各地では、将来に備えて、集落の高所移転、防潮堤や防潮林、避難道路の整備などの対策が行われた。

とくに、明治と昭和の大津波によって大災害となった田老村では、津波から村を守るための防潮堤の建設が計画された。しかし、構想された防潮堤の規模があまりにも巨大だったうえ、戦時を迎えたため、資金調達のめどが容易に立たず、ようやく昭和の津波災害から二五年後の一九五八年、高さ七・七m、総延長一三五〇mの防潮堤が完成した。

いまでは田老町のシンボルとなっている。三陸沿岸では、一九五二年十勝沖地震で二m前後、さらに一九六八年十勝沖地震では、地域によって四mをこえる津波が襲来しているが、昭和三陸地震津波のあと各地に築かれた防潮堤の効果によって、被害は少なかった(一九五二年十勝沖地震では、北海道の太平洋岸、浜中・厚岸《あっけし》などで被害大、死者・行方不明三三人)。

## 2　チリ地震津波

**津波が太平洋を渡ってきた**

一九六〇(昭和三五)年五月二四日の未明、日本列島の太平洋沿岸は、地震も感じていないのにとつぜんの大津波に襲われた。この津波は、南米チリ沖からはるばる太平洋を渡ってきたものである。

日本時間の前日、五月二三日の午前四時一一分、チリ沖でM9・5という超巨大地震が発生した。この地震は、二〇世紀以降に地球上で起きた地震としては最大規模のものであった。

チリの沖合で発生した津波は、たちまち太平洋全域にひろがり、地震から一五時間後には、ハワイ諸島を襲い、ハワイ島のヒロでは一〇・五mの波高を記録、五三〇あまりの建物が全半壊し、日系人も含めて六一人が津波の犠牲になった。

津波が、約一万七〇〇〇㎞の太平洋を渡って、日本の沿岸に到達したのは、地震の発生から二二時間あまり経った五月二四日午前二時二〇分ごろであった。津波は、はじめに北海道東部の沿岸に到達し、そのあと順次に南下しつつ、九州から沖縄までの海岸を襲った。日本の沿岸での波高は、一般に一～四mだったが、三陸の沿岸では、地形効果により湾の奥で五mをこえた所もある。とくに、岩手県大船渡《おおふなと》市や宮城県志津川《しづがわ》町での被害が大きく、大船渡の市街地はいちめん津波に洗われ、志津川では、津波が川を遡上して一㎞ほど内陸に流れこみ、三七人の死者と全壊・流失家屋一一七二戸をだしている。

北海道南東岸の浜中村(現・浜中町)霧多布《きりたっぷ》は、太平洋に突きでた岬とのあいだをつなぐ低地に町並みがあるため、両側から津波が襲来して町を呑みこみ、一一人が犠牲になった。

北海道から沖縄までの太平洋沿岸で、死者・行方不明一四二人を数えた。このなかには、まだ施政権返還前であった沖縄の死者三人が含まれている。とくに被害の大きかった北海道から三陸の沿岸だけで、二八〇〇戸あまりが全壊または流失している。日本では、まったく地震を感じていないのだから、沿岸住民にとっては、まさに〝寝耳に水〟の津波襲来だったのである。

図 5-3　チリ地震津波による大船渡市の惨状
(『大船渡災害誌』より)

図 5-4　津波で陸に押し上げられた運送船「開運丸」(250 トン)(『大船渡災害誌』より)

遠地津波への警報体制

チリ地震津波のとき、気象庁が津波警報を発表したのは、津波の第一波が日本の沿岸に到達してからであった。これでは避難の間にあうはずがない。しかし地域によっては、早起きの漁民が海の異変に気づき、消防団が半鐘を鳴らすなどして、住民に避難を呼びかけた所もある。

このように、海の向こうで発生した地震によって襲来する津波を〝遠地津波〟と呼んでいる。気象庁では、日本の沿岸から六〇〇〇km以上離れた海域で発生した地震による津波を、〝遠地津波〟と定義している。しかしチリ地震津波当時は、気象庁でも、遠地津波に対する認識が十分ではなかったために、警報の発表が遅れ、大災害となったのである。

二〇〇四年一二月二六日、スマトラ島沖で発生した巨大地震（M9・0）による津波が、インド洋沿岸諸国を襲い、二三万人もの犠牲者をだす大規模災害となったが、このときも、スリランカやインドの沿岸では、インド洋を一五〇〇km以上渡ってきた遠地津波によって被災している。津波はさらにインド洋を西進し、七、八時間後にはアフリカの東海岸に達し、ケニアやソマリアでも死者がでた。

歴史を振り返ってみると、南米のチリやペルーの沖合で発生した地震による津波が、遠地津波となって日本の沿岸を襲った例は、けっして少なくない。一八七七（明治一〇）年、チリ沖で発生した巨大地震による津波が日本の沿岸に達し、函館で二・四m、釜石で三mの波高を記録、房総の九十九里浜では死者もでている。

一九六〇年のチリ地震津波を教訓にして、環太平洋諸国は、地震や津波にかかわる情報を共有するために、「太平洋津波警報組織国際調整グループ」を設立した。現在、環太平洋のどこの海域で発生した地震に対しても、ハワイにある「太平洋津波警報センター（PTWC）」が、各国の地震観測網のデータをただちに分析して、津波の方向や規模、到達時刻などを推定し、通信衛星などを利用して、沿岸諸国に情報を伝える体制が整備されている。

## 3　日本海中部地震

### 大津波襲来

一九八三（昭和五八）年五月二六日、秋田県から青森県、北海道南部にかけての日本海沿岸は、日本海中部地震による大津波に襲われた。地震の発生は、正午直前の一一時五九分五七秒、震源は秋田県北部の沖合約八〇㎞の海底で、規模はM7・7であった。この地震により、秋田、深浦《ふかうら》、むつで震度5を観測した。

この地震は、東北日本の日本海側、北米プレートとユーラシアプレートの境界で発生した地震である。両プレートの境界では、過去にもしばしば大地震が発生してきた。一九六四年新潟地震も、その一つと考えられている。

日本海中部地震では、地震と津波による建物の全壊が九三四、流失したもの五二、道路の損壊六一六か所とされている。死者一〇四人のうち一〇〇人は、津波によるものであった。

津波の波高は、青森・秋田両県の沿岸で三〜七m、秋田県峰浜村では、地形的な駆け上がり(遡上高《そじょうこう》)で一四mを記録した。津波の第一波は、深浦には地震発生の七分後、男鹿《おが》には八分後に到達したが、気象庁仙台管区気象台が大津波警報を発表したのは、地震の発生から一四分後の一二時一四分であった。

津波による被害は、秋田県下が最大だったが、青森県や北海道南部でも家屋への浸水被害を生じた。さらに津波は、日本海を渡り、隠岐島をはじめ朝鮮半島やシベリアの沿岸にも到達している。津波により、家屋や船舶、港の施設などに被害がでたが、何といっても多数の人命の失われたことが痛ましい。

**図 5-5** 岸壁に乗り上げられた漁船(伯野元彦氏撮影)

### 「日本海側には津波はこない」?

この津波災害のあと、私たちが現地を取材して驚いたのは、「日本海側には津波はこない」という言い伝えが、人びとのあいだに広く浸透していたことである。

津波は、地震によって海底地形が上下に変動し、その動きが海面に伝わることによって発生する。したがって、海域を震源とする大地震が起きれば、まずは津波の発生を予想しなければならないのだが、日本海側では、そのような意識が希薄だったのである。

さらに男鹿半島では、「地震が起きたら浜へ逃げろ」とさえ伝えられていた。地震のあと浜へ逃げたら、津波に会いにいくようなものなのに、なぜそんな伝承が生まれたのだろうか。それは、一九三九年に起きた男鹿地震(M6・8)のとき、山間部の各所で地すべりや崖崩れによる被害がでたため、山のきわにいては危険だから浜へ逃げろ、という言い伝えになったらしい。

また一般的に、日本海側には津波はこない、と信じられてきた理由は何か。日本海沿岸では、一九六四年の新潟地震のさい津波が襲来しているが、津波による被害は比較的軽微で死者もでなかった。そこで歴史をひもといてみると、津波による死者のでた例は、一八三三(天保四)年に起きた庄内沖《しょうないおき》地震(M7・2)までさかのぼることになる。このときは、庄内地方と能登の沿岸で、一〇〇人以上の死者がでた。つまり一五〇年間も、犠牲者をともなう津波は、日本海側では発生していなかったのである。

一五〇年のあいだには、いくつもの世代が埋没してしまい、また被災した地域も地理的に離れていることから、過去の記憶はほとんど伝えられないまま、一九八三年の津波災害を迎えることになったのである。津波はこないという誤った伝承が、日本海中部地震による人的被害を大きくしたということができよう。

**図 5-6** 小学生 13 人が犠牲になった加茂青砂海岸

## 遠足児童の悲劇

津波による死者一〇〇人のうち、三五人は能代《のしろ》港での港湾工事に従事していた作業員、また一三人は、男鹿半島の海岸に遠足にきていた子どもたちであった。また、釣り客一八人が津波に呑まれ死亡している。季節もよく、またこの日が好天で、多くの人が海岸に出ていたことが、犠牲者の数を増やしたのである。

なかでも涙をさそったのは、男鹿半島の加茂《かも》青砂《あおさ》海岸での小学生の遭難であった。同じ秋田県の北東部にある合川南小学校の四、五年生で、生徒四五人と引率の先生二人が、二台のマイクロバスに分乗して走行していた。

絶好の遠足日和《びより》で、子どもたちは胸をはずませていたにちがいない。目的地に近づいたころ、一行はバスのなかで強い地震を感じた。しかし、目的地の海岸に着いたときには揺れも治まっていたし、海も静まりかえっていた。

そこで先生も子どもたちも、みな浜へ下りて弁当をひろげはじめた。そこへ、とつぜん大津波が襲ってきたのである。地震の発生から七、八分後のことであった。一瞬のうちに海へ流された子どもたちや先生を、地元の漁民が船を出して、一人また一人と懸命に救い上げたのだが、一三人はついに助からなかったのである。

## 一女性の機転

秋田県八森《はちもり》漁港では、一人の女性の機転が多くの人命を救った。

八森町は、地盤の硬いこともあってか、地震の揺れそのものによる被害は軽微だったため、地震後も多数の人が港内で働いていた。気象庁からの津波警報を受けて、ＮＨＫテレビが「大津波警報発令」の速報を流したのが一二時一九分。このとき、漁業協同組合の修理施設に勤務していた女性が、テレビの画面で津波警報を知ると、とっさにマイクを握って有線放送のスイッチを入れ、「ただいま津波警報が発令されました。厳重にご注意ください」と繰り返し呼び

図 5-7　液状化による水田の噴砂現象

かけたのである。

当時、港内には二、三十人の漁業関係者などが働いていたが、この放送により、はじめて津波の切迫を知って避難した人が多いという。その八森港に、津波の第一波が襲来したのは一二時二一、二二分。テレビで警報が伝えられてから、わずか二、三分後のことだったから、まさに間一髪の機転が人命を救ったといえよう。

この経緯は、災害のあと現地を取材していた私が、八森の漁港で偶然この女性に会って聞いた話である。

## 顕著だった地盤の液状化

日本海中部地震による災害は、死者の大部分が津波によるものだったことから、報道の関心は、ほとんど津波災害に向けられたが、実は内陸の各所で地盤の液状化災害が発生していた。

液状化は、おもに津軽平野、能代平野、八郎潟《はちろうがた》干拓地、秋田平野などで発生し、道路や建物、港湾施設などに大きな被害を与えた。水田では噴砂現象が著しく、農業被害も多額に及んだ。地震によって広範囲に液状化災害が発生したのは、一九六四年の新潟地震以来のことである。

液状化現象の生じた地域を大別してみると、砂丘地帯、干拓地、海岸や河川の埋立地、沼や湿地を埋め立てた住宅地、平坦な土地に砂で盛土をして造成した住宅地、河川の氾濫平野などが挙げられる。

**図5-8** 液状化により地盤に段差がついて食い違ってしまった家屋(伯野元彦氏撮影)

砂丘の内陸側には、冬の強い季節風で飛んできた砂がゆるく堆積していることが多く、また砂丘から供給される地下水の水位が高いので、液状化しやすい条件が揃っている。液状化した地盤の上に建っていた家屋は、地面に段差がついたため、建物自体が食い違ってしまったり、柱や壁が傾いたために取り壊さねばならないほどの被害を生じた。

青森県の車力《しゃりき》村では、液状化によって農業用の溜め池の縁が崩れたために、水が流出して浸水さわぎを起こした。また同村では、砂丘の麓で大規模な噴砂現象が起こり、直径五ｍほどの大穴が開いた。目撃者の話によれば、地震とともに砂を一〇ｍほどの高さに噴き上げたという。八郎潟の干拓地では、堤防の被害が大きく、陥没や沈下、亀裂などを生じた。

**図 5-9**　液状化で陥没した秋田港の岸壁

旧雄物《おもの》川沿いの埋立地や海岸の埋立地で液状化が発生し、秋田港の施設も打撃を受けた。液状化によって岸壁の表面が陥没したために、海水が入ったり、岸壁上のさまざまな構造物が沈下したり、傾斜するなどの被害を生じた。

秋田市や能代市などの住宅地で生じた液状化は、沼や湿地を埋め立てて造成した新興の住宅地で発生した事例が多い。これも、地盤環境の改変がもたらした災害だったといえよう。

## 4　北海道南西沖地震

### 津波がまちをさらった

一九九三(平成五)年七月一二日午後一〇時一七分、北海道南西沖地震が発生した。震源地は北海道の南部、渡島《おしま》半島から西へ約六〇㎞の海底で、震源の深さは三四㎞、地震の規模はM7・8であった。日本海側で起きる地震としては最大規模のもので、巨大地震といってもいい。この北海道南西沖地震も、一九八三年日本海中部地震と同様、北米プレートとユーラシアプレートの境界で発生した地震である。

この地震により、深浦、小樽、寿都《すっつ》、江差《えさし》で震度5を観測した。津波により最大の被害をだした奥尻《おくしり》島には、地震の観測点がなかったため、震度は発表されていないが、震害の模様や住民の体験談などから、震度6になっていたものと推測される。

地震発生の直後に大津波が奥尻島および渡島半島の西海岸を襲い、震害ともあわせて、死者・行方不明二三〇人をだす大災害となった。

地震の震源域は、南北約一〇〇㎞、東西約五〇㎞とされているが、地震のメカニズムや津波の解析などから、二つの地震が相次いで発生したものと考えられている。第一の断層破壊は、奥尻島の北西で発生して南へ向かって進行した。それから約三〇秒後に、奥尻島に近い所で第二の破壊が発生した。奥尻島での住民の聞きとり調査でも、三〇秒ほどの間隔をおいて、強い揺れが二回襲ったという証言がある。第二の地震の震源域は、その東端がほとんど奥尻島の直下にまで達していたため、同島での震害がとくに大きく、また大津波が地震発生から約五分で島へ到達したのである。

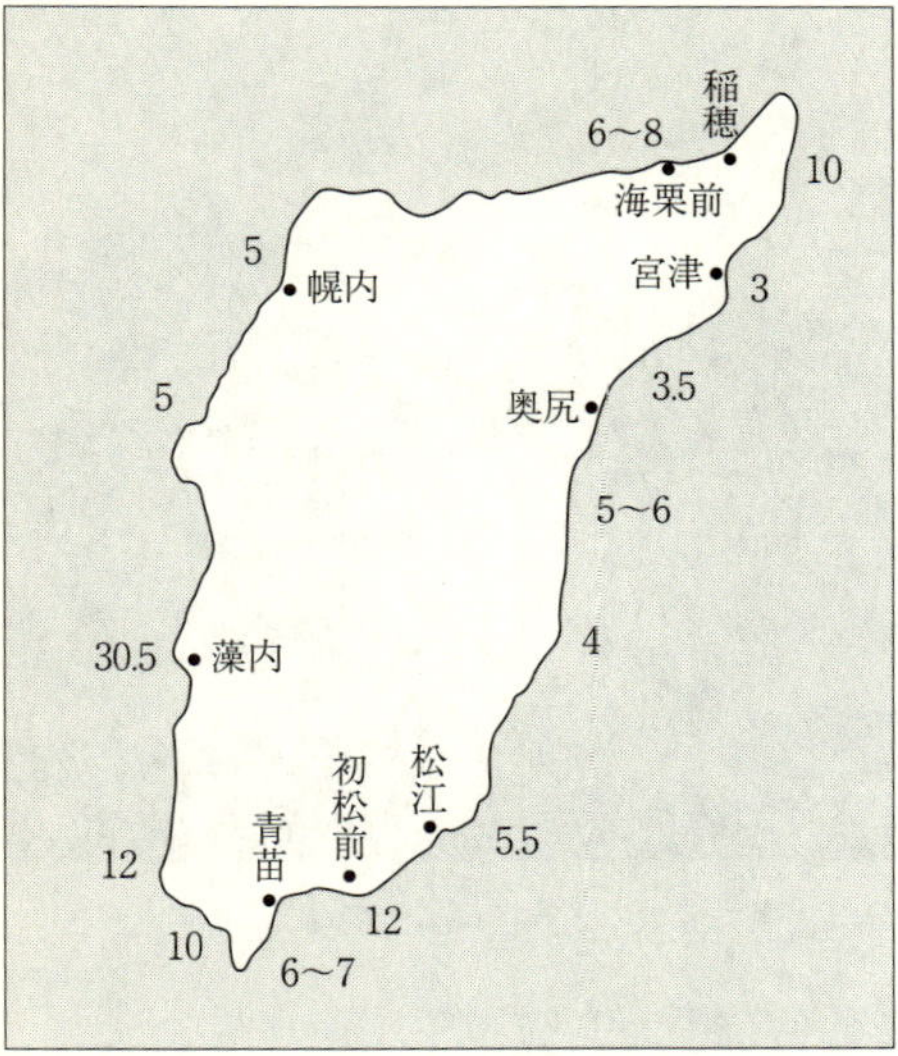


**図 5-10**　奥尻島での津波の遡上高分布
（単位：m，都司嘉宣氏による）

　二三〇人の犠牲者のなかには、大規模な土砂崩れによる死者も含まれている。奥尻島では、全島にわたって崖崩れが発生し、建物が倒壊あるいは埋没したり、道路が寸断されるなどの被害を生じた。なかでも、奥尻港に面した斜面が、高さ約一二〇

**図 5-11**　奥尻港での大規模な斜面崩壊

ｍ、幅約二〇〇ｍにわたって崩れ落ち、ホテルとレストランがその下敷きとなって、二八人の死者をだした(図5-11)。

　津波による被害は、震源に最も近い奥尻島が最大だったが、渡島半島西海岸の島牧《しままき》村、瀬棚《せたな》町、北檜山《きたひやま》町、大成《たいせい》町などの沿岸でも、大きな被害がでた。

　奥尻島での津波災害は全島に及んでいる。稲《いな》穂《ほ》、海栗前《のなまえ》、初松前《はまつまえ》、青苗《あおなえ》、藻内《もない》などの地区では、一瞬のうちに集落が洗い去られてしまった。また津波は、家屋だけでなく、道路の擁壁《ようへき》を倒壊させるなど、道路施設にも被害をもたらした。

　奥尻島で最も被害の大きかった南部の青苗地区は、高さ一〇ｍの大津波に洗われたうえ、直後に発生した火災によって、五〇〇戸あまりが

図 5-12　津波に洗い去られた青苗五区

流失または焼失した。西海岸の藻内地区では、三〇・六mという最大の遡上高を記録している。島の南端に突きでた青苗五区には、西側から一〇m、直後に東側から六、七mの津波が襲い、住民の約三分の一が犠牲になった。青苗地区は、一〇年前の日本海中部地震のとき、最大五mの津波に襲われたため、海岸に高さ四・五mの防潮堤が造られていたのだが、一〇mの津波の前には、まったく無力であった。

奥尻島での津波被害を大きくしたのは、島が地震の震源域のほぼ真上にあったこととともに、島の南方沖の海底地形にも原因があった。島南端の青苗五区の南には、海底に浅瀬が延びている。この浅瀬の存在によって、西から来た波は、進行方向がねじまげられ、浅瀬をまわりこむようにして東側からもこの地区を襲った。つまり青苗五区は、西から直進してきた波と、まわりこんで東から来た波との挟みうちにあって、甚大な災害をこうむったのである。

奥尻島には、地震発生から五分前後で津波が襲来したため、地震直後のとっさの判断が生死をわけた。津波の襲来を予想し、いち早く高台へ逃げた人は助かった。一方、車で逃げようとしたものの、渋滞に巻きこまれたために、車ごと津波にさらわれた人も少なくない。まだ時間があると思い、ゆっくり歩いて避難をしているうちに、津波に呑まれてしまった人もいる。

渡島半島西岸の町村でも、津波による被害がでた。犠牲者の数は、たとえば島牧村で七人、瀬棚町で六人、大成町で一〇人などとなっている。津波の波高は、島牧村で最大八・五m、瀬棚町で最大四・一m、大成町で最大八・五mなどで、いずれも家屋の全壊や流失をだしている。

気象庁の札幌管区気象台は、地震発生から五分後の午後一〇時二二分、津波警報(北海道から東北地方の日本海側には大津波警報)を発表した。地震後五分というのは、それまでに例のなかった早さであり、札幌管区気象台に観測データを自動処理するＥＴＯＳ(地震津波監視システム)を導入して、津波情報の迅速化に努力してきた成果のあらわれだったといえよう。

気象庁からの津波情報を受けて、ＮＨＫが緊急警報放送を開始したのは、午後一〇時二四分すぎ、地震発生から七分あまり経過していた。しかし奥尻島では、警報は間にあわなかった。

そのときすでに、津波は島を洗っていたのである。

## 日本海中部地震の体験が活きた?

奥尻島では、一九八三年日本海中部地震のとき、津波によって二人の死者をだしていたために、避難行動はかなり迅速に行われた。しかし、地震が起きてから津波が襲来するまでの時間が短かったことと、日本海中部地震のときよりも津波が高かったため、多くの犠牲者をだす結果となったのである。もし一〇年前に起きた日本海中部地震の体験がなければ、犠牲者の数はさらに増したものと推測される。

災害のあと、東京大学社会情報研究所(当時)が、最も多くの犠牲者をだした青苗地区で、住民のアンケート調査を実施した。回答を得たのは二〇四人。

「地震直後に津波を予想したか」という質問に対し、「大きな被害のでる津波が来ると思った」は三九・七%、

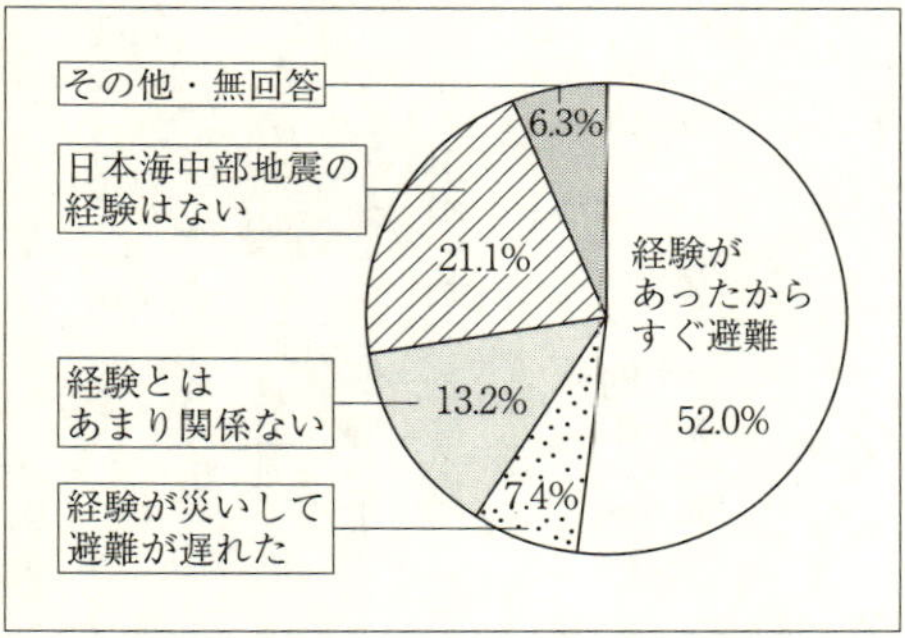


**図 5–13** 日本海中部地震の経験と避難行動(東京大学社会情報研究所調べ)

「来るとは思ったが、あれほど大きいとは思わなかった」が四〇・二％であり、八割の人が、津波の襲来を予想していたことがわかる。

次に、「津波が来ると思った」と答えた一六三人に対して、「なぜ地震直後に津波が来ると思ったか」と、その理由をたずねたところ、「一〇年前の日本海中部地震のとき、津波を体験したから」が七二・四％を占め、「経験はしていないが、日本海中部地震のときの話は聞いているから」が四・七％となっていて、日本海中部地震の教訓が、避難行動に活かされたことがうかがえる。

実際に、「日本海中部地震の経験が避難行動に影響したか」という質問に対して、「経験があったから、すばやく避難できたと思う」と答えた人が五二・〇％と、半数以上を占めている。しかし、「経験が災いして、まだ余裕があると思い、避難が遅れた」という人が、七・四％あった(図5−13)。

これはおそらく、日本海中部地震のあと奥尻島に津波が襲来するまで、三〇分ほどかかったため、北海道南西沖地震のときも、まだ余裕があると思って、避難が遅れたのであろう。つまり全体としてみれば、一〇年前の津波体験が、人的被害の軽減に寄与したことは間違いないが、部分的には、かえって経験が災いして、マイナスに働いた例もあったといえよう。

## 〃津波てんでんこ〃

奥尻島の人びとは、地震発生の直後、津波の襲来を予想して懸命に避難しようとした。しかし、さまざまな理由から、避難が不可能だったり遅れたりして、犠牲になった人が少なくない。

生存者からの聞きとり調査によると、津波に呑まれた人のなかには、高齢であったり、からだが不自由だったために避難できなかった人が多い。車に荷物を積んでいて避難に遅れた人や、港に繋留《けいりゆう》している船を見にいって、津波に巻きこまれた人もいる。また、家族が集まるのを待っていたために避難が遅れた人、近所に声をかけているうちに遅れてしまった人、さらには、いったん高台へ避難したのに、大切な物を家に取りに帰って津波に呑まれた人もあった。

津波からの避難は、一刻を争う。三陸の沿岸には〃津波てんでんこ〃という言い伝えがある。津波の襲来を予感したなら、他人にはかまわず、てんでんばらばらに逃げよ、という意味である。これは、津波常襲地帯の悲しい言い伝えであり、一見非情なようだが、まずは自分のいのちを守ることが先決であり、家族や近所の人が集まるのを待っていては、避難が遅れてしまうぞ、という教訓なのである。昔から、悲惨な津波災害を体験してきた三陸沿岸ならではの伝承といえよう。

**図 5–14**　青苗地区では火災が発生(共同通信社提供)

## 津波による火災も発生

奥尻島の青苗地区では、津波襲来の直後、火災が発生して被害を大きくした。火は、北東からの一〇m近い風にあおられ、たちまち南西方向へと燃えひろがって、およそ三〇〇戸を焼失した。漁村特有の木造家屋密集地帯だったことも、大火となった要因の一つであった。

出火原因は不明だが、奥尻消防署の調べによると、最初に出火したのは青苗北部の旅館などがある一角で、午後一〇時四〇分ごろだったという。さらに午前〇時三〇分ごろ、漁業協同組合の倉庫や多くの食堂のあるあたりから、第二の出火が起きたという。

一九九三年は記録的な冷夏の年であり、七月とはいえ、北海道の離島では朝晩はかなり冷えこむため、多くの家庭や民宿などでは、灯油ストーブを使用していた。そこへ地震の強い揺れが襲い、住民の大部分が直後に避難したため、ストーブなどの火源を残す結果となり、火災が発生した可能性もある。

延焼するにつれ、プロパンガスのボンベや家庭用の燃料タンクが爆発を繰り返した。しかも、津波による流漂物が消防活動を阻み、手のつけられない状態となったため、地元消防署と消防団は破壊消防を実施し、延焼の拡大は食い止められた。その結果、青苗一区の一七戸だけは火災から免れることができたという。

津波とともに火災が発生した事例は、けっして少なくない。一九三三年昭和三陸地震津波のとき、岩手県の田老や釜石などで火災が発生している。一九六四年新潟地震のときには、破損した石油管から漏れでた油を津波が運び、そこに着火して燃えひろがり、民家約二九〇戸が焼失した。私が取材した一九六四年アラスカ地震のさいも、大津波に襲われたアラスカの港町バルディーズで、流漂物が石油タンクに衝突して火を発し、民家に燃えうつって町が全焼していたことを記憶している。このように、〝津波に誘発される火災〟は、津波災害の盲点ともいえよう。

いま日本各地の港湾地帯には、石油タンクなどさまざまな危険物が林立している。津波に流されてきた船などの流漂物が衝突すれば、たちまち出火して大規模火災に発展する可能性もある。したがって、それぞれの地域ごとに、火災の発生までも視野に入れた津波防災対策の整備が望まれるのである。

# 第6章

# 山地激震！

## ―山崩れの脅威―

御嶽山大崩壊の跡．左側の巨大な岩石は岩屑なだれに乗って運ばれてきた

山地が国土の約七〇%を占める日本列島では、大地震が発生するたびに、地すべりや土砂崩壊、場合によっては大規模な山体崩壊が発生してきた。二〇世紀以前にも、一八四七年善光寺《ぜんこうじ》地震、一八五八年飛越《ひえつ》地震、一八九一年濃尾《のうび》地震など、山地での大崩壊が、長期にわたり後遺症を残してきた事例がある。この章では、近年の大地震による山地での土砂災害、山体崩壊の脅威を振り返ってみる。

## 1　伊豆半島の二つの地震

### 伊豆半島沖地震

一九七四(昭和四九)年五月九日の午前八時三三分、伊豆半島の南端を震源とする地震が発生した。地震の規模はM6・9、南伊豆町で震度5を記録した。この地震は、伊豆半島沖地震と命名されたが、その後の観測結果を総合してみると、震源域はほとんどが伊豆半島南端の内陸

**図 6–1**　認識されていた石廊崎断層(国土地理院提供)

部であり、石廊崎《いろうざき》断層の活動による内陸直下地震であることが明らかになった。石廊崎町から西北西～東南東の向きに、長さ五・五kmに達する地震断層が出現した。断層の変位は、上下に最大四五cm、水平に最大二五cmで、右ずれの断層活動であった。

石廊崎断層については、この地震の前年に、航空写真の判読によって顕著な活断層であることが指摘されていた。したがって伊豆半島沖地震は、既知の活断層が動いて地震を引き起こした、日本では最初の事例となったのである(図6–1)。

地震による被害は、ほとんどが山崩れ、崖崩れによる土砂災害で、家屋の全壊一三四戸、焼失五戸、死者三〇人となっている。

**図 6–2**　民家の裏の崖に現れた断層．こちらを向いている面は地震によって初めて顔をだした断層面

被害は、南伊豆町の入間《いるま》地区と中木《なかぎ》地区に集中した。入間地区では、ほとんど全戸が何らかの損壊をこうむったが、隣接する中木地区の被害はさらに大きかった。城畑《しろはた》山の斜面が、幅約六〇mにわたって崩壊、家屋一六戸を埋没し、二七人の死者がでた。崩壊土砂の量は約三万$\mathrm{m}^3$と推定されている。このほか、石廊崎から松崎までの西海岸では、無数の斜面崩壊が発生し、道路も寸断された。また、中木地区で土砂に埋没した家屋から火災が発生した。プロパンガスのボンベからガスが漏れだし、引火したものと思われる。これも、地震による斜面の崩壊が招いた二次的な災害だったといえよう。

## 伊豆大島近海地震

一九七八(昭和五三)年一月一四日午後〇時二四分、伊豆大島近海地震(M7・0)が発生した。地震の震源域は、伊豆大島と伊豆半島のあいだの海底からさらに内陸へ入り、半島の中央部にまで達している。伊豆大島近海地震という名称から、伊豆大島の状況に目がいってしまうが、被害が集中したのは、むしろ伊豆半島の東部から中部であった。この地震による死者は二五人、全壊家屋九六戸、崖崩れ一九一か所を数えた。

伊豆急行電鉄の稲取トンネルを断層が横切ったため、右ずれ五〇～七〇㎝の変位を生じた。断層が直下で活動した東伊豆町の稲取は、震度6に相当する揺れを体験したのだが、地震動による建物の倒壊はほとんどなかった。

この伊豆大島近海地震のときも、一九七四年伊豆半島沖地震のときと同じように、被害の大半は、斜面の崩壊によるものであった。崩壊した土砂によって海岸や谷間にある集落の一部が埋まったり、道路が寸断されるなどの大きな被害がでた。

河津町《かわづ》の見高入谷《みたかいりや》では、長さ約三〇〇m、幅約二〇〇mにわたって地すべり的土砂崩壊が起き、四世帯一〇戸が土砂に埋まり、七人が死亡した。また河津町梨本《なしもと》の県道では、走行中の路線バスに、高さ約五〇mの崖から大量の岩石が落下してバスを埋め、乗客三人が死亡した。

**図 6-3**　伊豆急行電鉄のトンネル内を断層が横切った

**図 6-4**　見高入谷での大規模地すべり

**図 6–5**　崩壊土砂に埋まった伊豆急行電鉄の線路

## 被害を拡大した人災的側面

伊豆大島近海地震では、開発による被害の拡大が指摘された。

犠牲者二五人のすべてと、全壊家屋九六戸の大部分は、伊豆半島東部と中央部の崖崩れや山崩れ、地すべりなどによるものであった。また、東海岸を走る伊豆急行電鉄の線路や東伊豆ハイウェーも、各所で発生した崖崩れによって寸断された。伊豆急行は、河津駅の近くで、巨石がトンネルの出口を破壊して線路上に落下したため、それを取り除くために、半年間も不通になったほどである。

そもそも伊豆半島は、地形が急峻であるうえ、地表近くは、風化の進んだ古い火山の噴出物で占められている所が多い。つまり、自然の状態でも不安定な地形・地質であるため、地震によっても豪雨によっても、斜面崩壊を起こしやすいのである。

ところがそのような地盤の上に、近年の開発によって新しい道路や鉄道が切り開かれてきた。急斜面に沿って道路や鉄道を新しくつくるときには、道路や鉄道の幅の分だけ平地が必要になる。そのためには、どうしても斜面を削り、さらに傾斜の急な人工斜面をつくることになる。こうした工事によって出現した急斜面は、しばしば安定角をこえた五〇～六〇度の傾斜を示すことが多く、それだけ危険を潜在させる結果となる。路線バスが直撃され、三人の死者がでた梨本の崩壊現場でも、道路の幅を広げるために山側の斜面が削りとられ、人工的な急斜面となっていた。そこへ強い地震動が襲い、斜面の上部に堆積していた土砂が崩れ落ちたのである。

地域開発を優先して、新しい道路や鉄道がつくられたのだが、そのような所に被害が集中した現実をみると、伊豆大島近海地震による災害は、人災的色彩の濃いものだったといえよう。

またこの地震では、きわめて特異な災害が発生した。天城《あまぎ》湯ヶ島《ゆがしま》町にある中外鉱業持越《もちこし》鉱山の鉱滓《こうさい》堆積場で、鉱滓が液状化を起こして堰堤を破壊、猛毒のシアン化ナトリウムを含む一〇万トンあまりの鉱滓が流出した。毒水は狩野《かの》川を経て駿河湾に流入したため、河川水のみならず海水までも汚染し、多くの魚介類が死滅するという被害を生じた。地震時には、往々にして想定もしなかった災害が発生するという典型的な事例となったのである。

## 2　長野県西部地震

**図6–6**　家も道路も呑みこんだ王滝村松越地区の土砂崩れ

### 山が大崩壊を起こした

一九八四(昭和五九)年九月一四日の朝八時四八分、御嶽《おんたけ》山の南麓にあたる長野県王滝村の直下でM6・8の地震が発生した。長野県西部地震である。震源の深さは約二㎞と、きわめて浅い地震であった。

全壊家屋一四戸を数えたが、地震動そのものによる被害ではなく、すべてが斜面崩壊による倒壊、流失であり、死者・行方不明二九人も、すべてが崩壊した土砂に呑みこまれたものである。王滝村松越《まつこし》地区では、段丘の一部が家や道路を乗せたまま崩れ落ち、崩壊土砂は川を横断して対岸に乗り上げ、川底にあった生コ

図 6-7　御嶽山の大崩壊

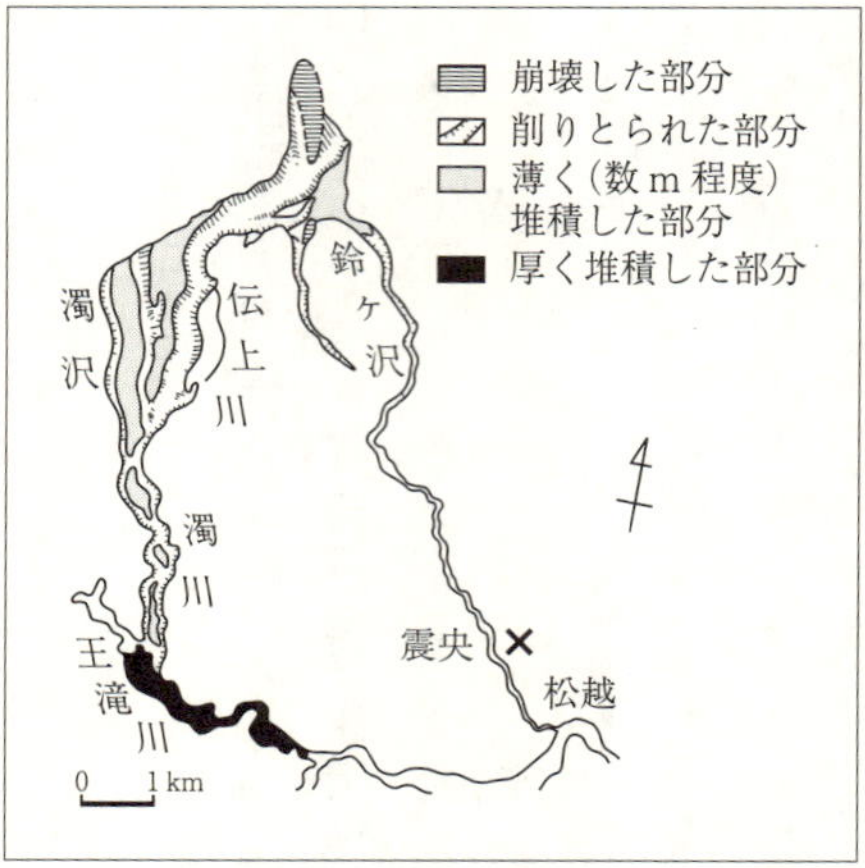


図 6-8　山体崩壊による岩屑なだれの流路図

ンクリートの工場を、対岸の段丘上にまで押し上げた。松越だけで一一人の死者がでている。また同村滝越《たきこし》地区では、集落の背後の山が崩れて民家を押し流す被害がでた。

そのような斜面崩壊のなかでも、けたはずれに大きく、自然の脅威をあらためて感じさせたのは、御嶽山の大崩壊であった。民謡にもうたわれている〝木曽の御嶽山〟、その南斜面で、地震の衝撃により大崩壊が発生したのである。崩壊は尾根の部分から発生し、最大幅七五〇m、最大長一五〇〇m、深さ一五〇mにわたって、山体が崩れ落ちたのである。崩壊した山の部分は、大規模な岩屑《がんせつ》なだれとなって伝上《でんじょう》川の谷を流下した。

岩屑なだれは、第1章(21頁)でも述べたように、水を媒体として流下する土石流や泥流と異なり、空気を媒体として大量の岩石や土砂が流下する現象で、破壊力がきわめて大きい。

御嶽山の崩壊により、なだれ落ちた土石の量は約三六〇〇万㎥、東京ドーム約三〇杯分に相当すると推定されている。

**谷がすべて破壊された**

岩屑なだれは、伝上川の谷を約一〇㎞、猛スピードで流下した。一部は尾根を乗りこえ、隣りの沢にまで流入している。深さ一五〇m、幅三、四百mの伝上川の谷を、いっぱいに埋めて

**図 6-9**　破壊された伝上川の谷

流下した岩屑なだれは、谷の両側の森林を破壊しつくし、谷沿いにあった濁川《にごりがわ》温泉の一軒宿を呑みこんでしまった。温泉宿の家族四人を含め、この日ちょうど谷に入っていた釣り客など計一五人がその犠牲になった。

伝上川と本流の王滝川との合流点付近で危うく難をのがれた人の証言から、岩屑なだれは、地震の発生後約七分で崩壊地から一〇〜一二㎞の地点を通過しており、その流下速度は、平均時速八〇〜一〇〇㎞であることがわかった。したがって、谷筋にいて、岩屑なだれの襲来に気づいてからでは、逃げおおせることは、まず不可能だったであろう。

崩壊地点から一〇㎞あまり流下した岩屑なだれは、王滝川の本流に入ってようやく勢いが衰え堆積した。その結果、王滝川の河床には大量の土石が堆積し、その厚さは最大四〇mにも達した。谷の地形は一変してしまったのである。

災害のあと、ヘリコプターで現場の上空を飛んだとき、眼下に広がる景観に、ただ息を呑む思いであったことを記憶している。すべてが破壊され、森林も削りとられた伝上川の谷、巨大な岩塊が地表に衝突し、粉々に砕けて引いた白い筋――この世のものとも思われない風景を目前にして、自然の猛威をあらためて実感したものである。

**図 6-10** 岩屑なだれは王滝川の本流に入って堆積

そもそも御嶽山は活火山で、この地震の五年前、一九七九年に水蒸気爆発を起こしている。歴史を振り返ってみると、誘因が地震であれ噴火であれ、火山では山体崩壊の起きやすいことがわかる。それは、成層火山の場合、太古からの噴出物が斜めに積もっているからにほかならない。噴出物が、急傾斜の地形に沿って堆積しているということは、重力的に不安定な状態であることはいうまでもない。もし噴出物層のなかに、粘土化した軽石層など滑りやすいものがあれば、そこから上に堆積していた噴出物は、地震の衝撃などでたやすく滑り落ちてしまう。

御嶽山の大崩壊は、まさにそのような仕組みで発生したと考えられる。したがって、長野県西部地震による災害は、〝地震に誘発された火山災害〟だったと位置づけることもできよう。

御嶽山の地形をくわしくみると、過去に同じような大崩壊を起こした傷あとらしきものが、いくつも見られる。火山の長い歴史の過程で、おそらく数百年に一度ぐらいの割合で大崩壊が起きてきたものであろう。とすれば、長野県西部地震による大崩壊は、われわれの世代がたまたま遭遇したものであり、まさに地質時代に生きているという実感を印象づけた出来事であったといえよう。

## 3　新潟県中越地震

### 活褶曲地帯で地震発生

二〇〇四年一〇月二三日の午後五時五六分、新潟県中越地方を激震が襲った。地震の規模は

M6・8、典型的な内陸直下地震であり、新潟県中越地震と命名された。震源の深さが約一三㎞と浅かったために、地表は激甚な揺れに見舞われ、新潟県川口町では震度7、小千谷《おぢや》市、山《やま》古志《こし》村(現・長岡市山古志)、小国《おぐに》町などで震度6強、長岡市、十日町市などで震度6弱を記録した。

**図6-11** 震度7で倒壊した川口町の家屋

**図6-12** 震源が直下だったため墓石があらゆる方向に飛んだ

激震によって多数の建物が全半壊し、ライフラインも寸断、道路も各所で損壊して交通路が途絶した。また、各所で大規模な地すべりや斜面崩壊が発生して、多数の集落が一時孤立化する事態となった。

本震のあと、大きめの余震が長期にわたって断続し、最大震度6強、6弱、5強などを記録した。本震も含めた一連の地震では、おもなものだけで三つの断層が、相次いで活動したとみられている。

総務省消防庁によると、この地震による死者は、二〇〇五年九月現在、関連死も含めて四八人であり、その内訳は、建物の倒壊や土砂崩れによるもの一五人、地震によるショック死一二人、被災後の過労や病気などによるものが二一人となっている。また、住家の全壊は三一八一戸、半壊一万三五三一戸を数えた。

新潟県中越地震の本震および余震の震源は、西側の長岡平野西縁断層帯と東側の新発田《しばた》～小出《こいで》構造線との間に挟まれた魚沼《うおぬま》丘陵に沿って、北北東～南南西の向きに約三〇kmにわたり分布している。

魚沼丘陵や、その西に並走する東頸城《ひがしくびき》丘陵などを含むこの地域は、〝活褶曲地帯《かっしゅうきょくちたい》〟として知られている。日本列島には、つねに東西方向に圧縮する力が働いており、その力が最も集中する場がこの地域にあたっているのである。そのため、数百万年前に海底に堆積した地質学的には比較的新しい地層が、まるで絨毯《じゅうたん》に皺を寄せるように変形し、波打っている。背斜と向斜を繰り返すこのような構造は、褶曲と呼ばれており、現在も地層の褶曲が進行している地質構造のことを〝活褶曲〟と呼んでいるのである。

活褶曲地帯では、たえず圧縮力がかかりつづけているため、地下の岩盤に歪《ひず》みが蓄積されていく。その歪みが何らかのかたちで解放されるのだが、それには、①地震を起こさずにゆっくりと滑っている部分、②しばしば小規模な地震を発生させつつ動いている部分、③普段は動かずにストレスを溜めつづけ、とつぜん急激に動いて大地震を起こす部分、とに大別することができる。今回の新潟県中越地震が、③にあたっていることはいうまでもない。

### 新幹線が脱線した

震源の浅い直下地震は、地表に激しい揺れをもたらす。建物や道路、ライフラインなどの被害のほかに、大きな衝撃を社会に与えたのは、新幹線車両の脱線であった。

上越新幹線の「とき325号」は、長岡駅まで約八㎞の地点を、時速約二〇〇㎞で走行中、地震に遭遇し、一〇両編成のうち、六、七号車を除く八両が脱線した。営業運転中の新幹線が脱線事故を起こしたのは、一九六四年の開業以来初めてのことである。

事故後の調査から、四〇の車軸のうち、二二軸が脱輪していたことが明らかになった。最後尾の一号車は、車輪がレールから一・四mもずれ、上り線路側に三〇度ほど傾いて止まった。このとき、もし上り列車が走行してきていたなら、衝突によって大惨事となるところであった。乗客に一人のけが人もでなかったことは、まさに不幸中の幸いだったといえよう。

新幹線の地震対策としては、最初にくる地震波(P波)を検知して、そのあと大きな揺れをもたらすS波がくる前に、送電を止めるという仕組みが適用されている。P波は縦波で、地盤の性質にもよるが、秒速約七km、S波は横波で、秒速約四kmで進行する。

したがって、P波の到達した時点で、即座にコンピューターが地震の規模や震源距離を計算し、S波による揺れが大きいと判断された場合には、送電をストップさせ、列車を停止させるという方法がとられているのである。この方法を、東海道新幹線ではユレダス(地震動早期検知警報システム)と呼んでおり、JR東日本でも、沿線二〇kmごとに地震計を設置して、同様の対策を講じている。P波の検知から送電停止までの時間は、三秒はかからないという。

この方法は、地震計の設置点から震源までの距離が遠ければ、十分に有効なので、東南海地震や南海地震、あるいは日本海溝で発生する巨大地震などには適用可能である。

しかし新潟県中越地震のように、内陸直下の浅い所を震源として発生する地震の場合は、P波とS波の到達時間にほとんど差がないことから、S波のくる前に送電を止め、列車のブレーキをかけることは不可能に近い。しかも、時速二〇〇km以上で走行していれば、ブレーキをかけてから列車が停止するまでに、二、三km走ることになる。

新潟県中越地震による新幹線の脱線事故は、早期検知システムが、直下を震源とする地震に対しては、ほとんど無力であることを証明したといえよう。新幹線は、開業以来順調に客足も伸び、安全な乗り物として交通や物流の円滑化を支える重要な役割を担ってきた。しかし、こと地震対策に関しては万全とはいえない現実が、この地震で新たに露呈したのである。

### 多発した地すべり、斜面崩壊

新潟県中越地震では、山地での土砂災害がひときわ大きかった。震源域のほぼ真上にあたる東山丘陵のいたる所で、大規模な地すべりや斜面崩壊が発生、山地の景観はすっかり変わり果ててしまった。したがってこの地震は、中小都市での都市災害であるとともに、顕著な山地災害をもたらした地震だったと位置づけることができる。

国土交通省によれば、航空写真から判読された斜面崩壊は三七九一か所、うち崩壊幅が五〇

m以上の規模のものは三六二か所にものぼっているという。

東山丘陵~魚沼丘陵を中心とする地域は、よく固まっていない新第三紀の泥岩や砂岩の層から成っていて、また日本有数の地すべり地帯としても知られている。しかも二〇〇四年は、相次ぐ台風による大雨で、地盤がたっぷりと水を含んでいた。とくに地震の三日前にあたる一〇月二〇日には、台風二三号が山間部に相当な雨を降らせていた。そこへ激震が襲い、大規模な地すべりや斜面崩壊を容易にしたのである。水を含んだ崩壊土砂が、数百mも流走している例も見られた。だからこの地震による山地の災害は、〝地震+台風〟という複合災害だったということもできよう。

信濃川右岸にあたる長岡市妙見《みょうけん》では、母子三人の乗る車が、地震による大量の崩壊土砂に巻きこまれ、レスキュー隊による懸命の救出活動によって、二歳の男の子だけが奇跡的に助けだされた。この模様は全国にテレビ中継され、視聴者は固唾《かたず》を呑んで見守ったものである。

山間部の各地で、崩壊した土砂が道路を埋め、交通が遮断された。土砂が河道をせき止めたために、上流側には水がたまり、約四五か所で天然ダムが形成された。

ニュースでたびたび取り上げられている山古志村は、地震のあと、一時はまったく孤立状態となってしまった。村へ向かう道路は、多数の土砂崩れによって寸断され、防災無線も通じず、

**図 6-13**　長岡市妙見の斜面崩壊．2 歳の男の子が 93 時間後に救出された

通信手段が完全に絶たれたために、被災状況もしばらくは不明のままであった。ようやく地震の二日後、自衛隊のヘリコプターによって全住民約二二〇〇人が救出され、長岡市で避難生活を送ることになったのである。

山古志村は、錦鯉《にしきごい》の産地として知られる穏やかな山里である。その好ましい山里の風景は、この地震で一変してしまった。道路はいたる所で土砂に埋まり、多数の家屋が土砂崩れに呑みこまれた。棚田に水を溜めた池で錦鯉が養殖されていたのだが、池を仕切っていた土砂が崩れて水が抜けたために、数えきれないほどの錦鯉が死んだ。

この地区で、とくに防災上大きな課題となったのは、崩壊した大量の土砂が、村を流れ

図6-14　各所で地すべりや土砂崩れが発生

図6-15　水没していく家屋

る芋川を五か所でせき止め、天然ダムが形成されたことである。五か所のうち二か所の天然ダムがとくに大きく、地震のあと日々に水位が上昇して、川沿いに建っていた家屋が次々と水没していった。東竹沢地区に生じた天然ダムは、五つのうちで最も大きく、満水時には約三〇〇万㎥(東京ドーム約二・五杯分)の水がたまるという。

もし川をせき止めた土砂が決壊すれば、大規模な土石流が下流の集落を襲い、大災害になることは疑いない。過去には、一八四七(弘化《こうか》四)年の善光寺地震や、一八五八(安政五)年の飛越地震のように、崩壊した大量の土砂が川をせき止め、のちに決壊して下流域に大災害をもたらした例がある。したがって、せき止め部の決壊を防ぐことが緊急の課題となり、国の直轄事業として砂防工事が実施されることになった。

具体的には、排水ポンプの設置や排水路の建設、大型土嚢《どのう》の積み上げなど、越流対策を進め、さらには監視カメラやワイヤセンサーを設置して、土石流の発生を監視する態勢が整えられてきた。

**図 6–16**　芋川に生じた天然ダム(寺野地区)

**深刻な後遺症**

農業被害も深刻である。被災地域は、魚沼産コシヒカリの産地として知られ、斜面に開発された棚田で米づくりが行われてきた。その棚田がほとんど崩れてしまったために、稲作をあきらめねばならない農家も少なくなかった。

そのうえ、二〇〇五年の冬は一九年ぶりの大雪に見舞われ、山古志村など山間部には三mもの積雪があった。春になって雪どけが進んでみると、無人となっていた家屋が、雪の重みで多数つぶれ、土砂崩れの現場では傷口が大きく広がっていた。さらに将来、台風や集中豪雨の追い打ちにあえば、崩壊箇所からの土石流の発生など、土砂災害の拡大が憂慮されるのである。

一九九九年九月に台湾中部で発生した集集《しゅうしゅう》大地震(M7・7)では、各所で大規模な斜面崩壊や地すべりが発生したが、地震から二年後の二〇〇一年、二つの大きな台風が台湾に上陸し、多量の降雨をもたらした。その結果、地震による崩壊地の各所で土石流が発生し、災害をさらに拡大している。

このように、地震による山地での土砂災害は、長期にわたる後遺症を残すことになる。したがって被災地では、二次災害の発生に備えた永続的な監視と砂防事業が欠かせないのである。

### 問われる山村の孤立化対策

新潟県中越地震では、山古志村をはじめ、多くの集落の孤立化が防災上大きな問題となった。激震によって大規模な山地災害が発生すれば、交通路や通信網が途絶し、救助救援活動にも支障をきたして、地域社会がたちまち陸の孤島と化してしまうことを物語ったといえよう。

とかく地震防災対策は、大都市偏重になりがちである。人口や資産の集中している大都市の防災が重要であることはいうまでもないが、日本の国土の約三分の二は山地であり、山間部にはまた多くの山村が点在している。

しかも過疎化が進んできた山村では、若者が去り、高齢者のような社会的弱者だけが取り残されていて、緊急時に速やかな行動のできない人びとの集まりになっているのが現状である。しかも新潟県中越地震では、川口町の小高地区のように、土砂崩壊の影響をまともに受け、さらには天然ダムの決壊を恐れて、集落の移転を選択した所さえある。長年住みつづけてきたふるさとを、一回の大地震で捨てなければならないという悲しい決断なのである。

そもそも山地には、多くの活断層が走っている。というよりも、日本列島の中核部をなす山地は、そのほとんどが太古からの活断層の活動によって形成されてきたものである。だから将来、それらの活断層が活動すれば、新潟県中越地震のようなM7クラスの直下地震を発生させることになる。地表が激甚な揺れに見舞われれば、かならず山地災害が多発する。

その意味からも、新潟県中越地震を契機に、山間部に点在する集落の孤立化対策をいかに進めていくかが、あらためて問われたものといえよう。

山村を、〝忘れ去られた地域社会〟にしてしまってはならないのである。

# 第7章

# 都市を壊滅させた直下地震

阪神・淡路大震災で潰れた木造家屋群

人口稠密《ちゅうみつ》な都市あるいは都市周辺の平野の直下で、活断層が活動してM7クラスの地震が発生すると、往々にして壊滅的な都市災害となる。活断層の活動による内陸直下の地震は、一般に震源が浅いために、地表は激甚な揺れに見舞われるからである。

# 1 鳥取地震

**鳥取平野直下の地震**

第3章でも述べたように、太平洋戦争末期から終戦後にかけての五年間は、日本列島で大地震の相次いだ時代であった。その皮切りとなったのが、一九四三(昭和一八)年の鳥取地震である。地震の発生は、同年九月一〇日午後五時三七分、規模はM7・2であった。

鳥取平野の真下で、鹿野《しかの》断層と吉岡断層という二つの活断層が活動して起こした地震であり、両断層とも地表に食い違い、つまり地震断層を出現させた。断層の長さは、鹿野断層で八㎞、吉岡断層で四・五kmに達している。

震源がきわめて浅かったために、地表は激甚な揺れに見舞われた。地震による被害は、全壊家屋七四八五戸、半壊六一五八戸、全焼二五一一戸で、死者は一〇八三人にのぼった。

被害が最も大きかったのは鳥取市で、全体の約八〇％を占めている。とくに沖積平野の被害が大きく、地震と同時に市内一二か所から出火、のちさらに四か所からも出火して燃えひろがった。鳥取市は、まさに壊滅状態となったのである。

### 手記に見る鳥取市の惨状

『鳥取県震災小誌』には、地震の発生した瞬間について、次のように記されている。

「平和な各家庭においては、楽しい夕餉《ゆうげ》の支度に忙しく、官庁や会社等においても、残暑の名残りまだ消えやらぬ暑苦しい一日の勤めを終えて、やっと解放された気持ちで帰途につきつつあった。（中略）道を歩いていた者は、瞬間に地上に投げ出されている自分を見出した。立ち上ろうにも立てないのである。そこかしこの家々からおこる悲痛な叫び声に続いて、バラバラと身一つで逃れ出る人びと。かくてこの瞬間に、家々の建物は、目の前で凄まじい土煙を立てて崩れて行ったのである。ほんの一瞬の出来ごとであるが、今までの平穏な世界は一変して、

図7-1　鳥取市大工町の惨状(『鳥取の災害』より)

この世さながらの生地獄と化し、倒れた家の下敷きとなって瞬時に生命を失う者、悲痛な声をふりしぼって助けを求める者、親を呼び子を求めて号哭《ごうこく》する声は巷《ちまた》に充ち溢れ、あわれ罪なくして親を奪われ、傷つき、住むに家なく、逆上狂乱して右往左往する人びとの姿は痛ましいというか、全く凄惨きわまりない、阿鼻叫喚《あびきょうかん》の地獄であった」

また『鳥取地震災害資料』には、市民による地震体験談が載せられている。

「下校途中、瞬間に空が光ったと思うと、激しい上下動がおこり、地面に倒れて転がった。図書館前の天理教道場の白壁が一瞬土煙りをあげて落下、次にその家屋がガラスの割れる音と共に物すごい音で倒れた。道路は倒れた家でふさがれ、その上をよじ登りながら我が家に帰った」(白根暢・一五歳)

「川で釣りをしていたら、ゴーッと地鳴りがして、川の水が流れの逆方向に波立った。立っておれないで、河原の草にしがみついて地震のおさまるのを待った。堤防の先のレンガ造りの変電所のレンガが、雨のようにバラバラ降り落ちるのを見た。地震がおさまり、堤防に上って市内を見ると、倒れた家の土煙りで何も見えなかった。帰る途中に鉄道線路がアメのように折れ曲り、道路堤防等に足が落ち込む程の、幅一〇cm以上、深さ五〇ないし六〇cm、長さ数十mに及ぶ地割れができているのを見た」(渡邉肇・一〇歳)

また、鳥取師範学校(当時)の本科一年生だった三森和夫氏は、同校の同窓誌『彩雲めぐる』のなかで、地震の体験を記している。地震の起きた午後五時半すぎ、彼は学校から帰寮し、食事当番のため、食堂に入る鐘の合図を待っていたところ、激しい地震の揺れが襲ってきた。食堂は上下左右に揺れ、大音響とともに潰れてしまったという。

「その後、どんなふうにして校庭に集まっていったのか、定かな記憶がない。ややあって、各寮ごとで班を編成し、救助活動に街へ出かけていった。街はひどいもの

**図 7–2**　壊滅した町並み(『鳥取の災害』より)

であった。倒壊した大屋根の庇《ひさし》が路面にかぶさり、屋根の形だけを保ったもの、二階が振り飛ばされて一階だけが残った建物もあった。潰れた家の屋根の上を伝って歩き、瓦礫《がれき》の間を縫って救助に当たる。泣き叫びながら、〝この辺が子ども部屋だと思う〟という母親の指示で屋根をはがすと、四、五歳位の子が梁《はり》と梁の間に蛙のようにうずくまっていた。梁に頭を挟まれた娘さんを助け出してみると、鼻の変形しているのもあった。救出が間に合わず、火が回って家の下敷きのまま焼死した人もあった。死体運びの作業は、夜中を過ぎても行われた。疲労と空腹に、ぶっ倒れる寮生もあらわれる始末であった」

**壊滅した鳥取市**

鳥取市で同時多発火災になったのは、地震の発生が夕食を準備する時間と重なったためと、風呂場の火が燃えひろがったりしたためである。当時のことだから、炊事用の火は、七輪の炭火やかまどの薪《たきぎ》によるものがほとんどで、突然の激震に火の始末をする余裕などなかったのである。倒壊した家屋の下から発した火は、たちまち燃えひろがり、広域火災となった。

道路には、倒れた建物や電柱などがおおいかぶさり、消防車の通行を妨げた。水道管も各地で破裂したため、消火用の水を得ることができず、消防機能がまったく失われてしまったのである。屋根の下でくすぶっていた火が、地震後しばらく経ってから出火した例も少なくない。こうして拡大した火災は、地震の翌々日、九月一二日の朝五時ごろになってようやく鎮火した。ほぼ三六時間燃えつづけたことになる。

鳥取市内の建物は、耐震性のあった鉄筋コンクリート造りや、地盤の堅牢な地区の建物を除いて、ほぼ全滅状態であった。この地域の建物は、冬の積雪に耐える工夫はなされていたものの、地震への配慮はほとんどなされていなかったといえよう。雪の重みに耐えるために、太く重い梁を使った重心の高い建物が多かった。商店は、店を広く使おうと、一階部分の柱を少なくしていたから、たちまち倒壊の憂き目にあった。

また城下町であったためか、江戸時代以来の老朽化した家屋も多く、たびたびの水害にあって、土台の朽ちている家もあった。このような建築物の構造が、大半の家屋の倒壊と火災の発生を招いたのである。

図 7–3　火災が被害を拡大した（『鳥取の災害』より）

## 戦時下の大地震

鳥取地震の起きた一九四三年九月といえば、日本は太平洋戦争のさなかであり、なおかつ戦局が日ごとに悪化していくころであった。当時の戦局については、すでに第3章で述べたとおりで、太平洋戦争の主導権は、完全にアメリカの手に落ちていた。地震の二日前にあたる九月八日には、イタリアのバドリオ政権が連合軍に無条件降伏し、日独伊三国同盟の一角が崩れ、ドイツも戦力が大きく低下していた。

このような戦況下であったため、報道管制も厳しく、新聞もラジオも震災の状況をくわしく伝えることは禁じられた。したがって大震災の全容は、ほとんど国民に知らされなかったのである。

地震の翌日、武島一義《たけしまかずよし》鳥取県知事による告知文が市民に配付された。

「被害は鳥取市が最もひどく、目下県内各地をはじめとして隣接の府県から、医療・食糧・経済資材などの救援がなされつつある。市民は冷静沈着に行動し、いたずらに憶測でデマを流すことなく、外敵のスパイに利用されることのないよう望むものである」

県庁の前庭には、テント張りの「鳥取県災害対策本部」が設けられ、食料品や生活必需品、薬品、建設資材などの手配や、情報連絡、周辺警備などの任務にあたった。九月二三日には、対策本部に代わって、新たに「鳥取県震災復興本部」が設置され、復旧と復興事業が進められることになった。しかし、戦時下にあって資材も労働力も不足し、復興事業はほとんど進まないまま、二年後の終戦を迎えることになる。

地震で住居を失った人びとに対して、県は公設のバラック住宅を建築し、一三二戸、八八八世帯が収容された。実はこの急造バラック住宅が、のちの鳥取大火を拡大する原因となったのである。

## 九年後の鳥取大火

大震災から九年を経た一九五二(昭和二七)年四月一七日の午後二時半ごろ、鳥取駅の東、現在の吉方《よしかた》温泉付近から出火した。最初の出火点は、木造平屋建ての空き家だったが、この火事は、消防車や周辺住民の協力によってすぐ消し止められた。しかしその直後、市営温泉の湯気抜きの鎧戸《よろいど》から黒煙と火炎が噴きだしているのを、空き家で消火を終えたばかりの消防士が発見した。消防車が駆けつけ、すぐ消火態勢に入ったのだが、火は折からの強風にあおられて市内各所に飛び火し、たちまち鳥取市全体を巻きこむ大火となったのである。

この日は、日本海を発達した低気圧が通過していて、鳥取ではフェーン現象が起きていた。

鳥取市内には、乾燥した強風が吹き荒れており、風速は最大一五ｍにも達していたという。飛び火により拡大した火災に対して、県内各地の消防隊も応援に駆けつけたのだが、まったく手のほどこしようのない状態であった。当時はまだ戦後の米軍占領下であり、自治体の消防力も貧弱きわまりないものだったから、延焼の拡大を阻止することができなかったのである。火の手は出火点から約六㎞の所にまで達し、翌四月一八日の午前三時ごろ、ようやく鎮火した。この大火によって焼失した家屋は五二二八戸を数え、約二万四〇〇〇人が罹災したという。こうして、鳥取の旧市街地のおよそ三分の二にあたる一九〇万㎡が焼失したのである。

出火原因については、その後さまざまな角度から調査と究明が進められたものの、結局は原因を特定することができず、不明火として取り扱われている。

広域火災にまで発展した原因は、もちろん強風下の出火だったことにもよるが、さらに出火地点の周辺が、官公庁の出先機関や会社の事務所、旅館など、木造建築物の密集している地域だったことである。

とくに一九四三年鳥取地震のあと、資材が欠乏するなかで、応急的に造られたバラック建ての建物が多かった。それらが一瞬にして猛火になめつくされることになり、さらに飛び火が飛び火を呼んで、被害を拡大する結果となったのである。だからもとをただせば、燃えやすい都市環境が、九年前の大震災によって形成されていたといえよう。

ひとたび大震災に見舞われると、その影響が長期にわたって残り、次の災害を拡大する原因にもなることを、鳥取地震と鳥取大火は物語っているのである。

## 2　福井地震

### 壊滅した福井市

終戦の前後、日本列島では、鳥取地震、東南海地震、三河地震、南海地震そして福井地震と、毎年のように一〇〇〇人規模の死者をだす大地震が相次いだ。五つの大地震のうち、東南海地震と南海地震はM8クラスの海溝型巨大地震、鳥取地震と三河地震、福井地震は内陸の活断層の活動による直下地震であった。

福井地震の発生は、一九四八(昭和二三)年六月二八日午後四時一三分、福井平野の直下を震源とするM7・1の地震で、福井市はほとんど壊滅状態となり、被災地全体で三七六九人の犠牲者をだすにいたった。地震の震源がきわめて浅く、しかも地盤の軟弱な沖積平野の真下で発生した地震であったため、地震の規模のわりには甚大な災害をもたらしたのである。

一九四五年八月の終戦から三年近く、敗戦の痛手からようやく立ち直りかけていた地域社会に、大きな打撃を与える地震であった。

被害は、福井、丸岡から吉崎にいたる南北約一五㎞の狭い範囲に集中した。森田町や丸岡町など、家屋の全壊率がほぼ一〇〇%に達した地域もあった。震源地の周辺では、激しい揺れが三、四十秒も続いた。大半の家屋は、揺れが始まってから五〜一五秒で倒壊したといわれる。

人口八万六〇〇〇あまりの福井市は、典型的な都市災害となり、総戸数一万五五二五戸のうち、一万二四二五戸が全壊し、全壊率は八〇%をこえた。被災地全体でみると、家屋の全壊は三万五〇〇〇戸をこえている。

震災から三〇年が経過した一九七八年に、福井市が刊行した『福井烈震誌』には、福井市長大武幸夫《おおたけゆきお》氏の地震体験記が載っている。

「この日は朝からどんより曇って蒸し暑く、何となくいやな感じのする一日であった。人々は窓を開け、少しでも外気を求めた。時に午後五時一四分(筆者注・当時はサマータイムを実施中)、学校の授業がすんだ子供達は喜々として戯れ、一日の勤めを終えた人々は、〝ほっ〟として家路を辿っていた。その瞬間、突如〝ごおっ〟という気味悪い音がしたかと思うと、大地は〝ぐらぐらっ!〟と大波の如くうねり、家も、人も、犬も、地上のあらゆるものは大地にたたきつ

**図 7-4**　福井市内の惨状

けられた。橋という橋はいくつにも折れて河中に墜落し、進行中の汽車や電車はその場に横倒しになった。土煙で空は夕暮れのように暗くなり、余震はひっきりなしに続いて、正に地球最後の日を思わせた。地震と共に、市内各方面から火災が発生し、猛烈な勢いで全市に拡がった。建物の下敷となって圧死する者数知れず、生きながら焼かれて死んだ人も少なくなかった」

福井市は、終戦まぢかの一九四五年七月一九日、米軍機による大空襲を受け、市内いちめん焼け野原になった。その後、市民は応急的にバラック同然の家を建てて住んでいた。そこへ激震が襲ったために、瞬時に多数の家屋が倒壊したのである。

さらに被害を拡大したのは、火災の発生であった。地震と同時に、福井市内だけでも二四か所か

**図 7–5**　被災した大和百貨店．福井震災の象徴ともいわれる

ら出火した。火はたちまち周辺に燃えひろがり、二〇〇〇戸あまりが焼失した。木造モルタル造りの映画館が火に包まれ、観客ら数百人が亡くなったとも伝えられる。

市の中心部にあった鉄筋コンクリート造り七階建ての大和《だいわ》百貨店は、瞬時に倒壊したうえ火災にも見舞われ、無残な姿をさらす結果となった。福井刑務所の建物も倒壊したため、収容されていた服役囚を、二四時間以内に戻るという条件つきで一時釈放したのだが、五九人が戻らなかったという。

**福井平野の直下で断層が動いた**

福井地震では、福井市がほぼ壊滅状態となったが、一方では鉄道の被害も著しかった。上野発米原《まいばら》行きの列車が転覆したほか、一一本の列車が脱線転覆した。また鉄道線路が波打ったり、蛇行するなどの被害を生じたうえ、九頭竜《くずりゅう》川をはじめ足羽《あすわ》川や日野川などにかかる一三の鉄橋も落下した。そのため北陸本線は、地震から二か月間も不通になったのである。

この地域はまた、昔から繊維産業の盛んな土地柄だったが、地震によって多くの繊維工場が倒壊し、経済的にも大きな打撃を受けた。

**図 7-6** 曲がりくねった北陸本線の鉄橋

農業被害も甚大だった。水田からは水が飛びだし、用水路も決壊したため、水が補充できず、水田が干上がってしまった。また、地盤の液状化による噴砂現象などが多発したため、稲作ができない状態に陥った。

また各所で、液状化によると思われる地割れや陥没、泥水の噴出などが起き、福井市和田出作《わだしゅっさく》町では、水田で草取りをしていた女性が、地割れに挟まれて死亡した。地割れによって死者がでたというのは、きわめて珍しい事例で、学会でも注目されたという。

坂井郡吉崎村の浜坂では、高さ六〇mほどの砂丘の砂が、地震動によって大崩壊を起こし、民家一三戸を埋没、二三人の死者がでた。

地震からひと月近く経った七月二三日から二五日にかけて、梅雨末期の集中豪雨が福井地方を襲い、山間部では総雨量が三〇〇㎜に達した。福井地震によって地盤がゆるみひび割れ、しかも戦時中からの乱伐によって山が荒れていたため、大雨とともに福井県全域で無数の土砂崩壊が発生した。大野郡五箇《ごか》村では、大規模な土石流も発生している。

福井地震による災害の状況を概観すると、地盤の性質によって被害の程度が異なっていることがわかる。とくに大きな被害をだしたのは、九頭竜川の下流域にあたる沖積平野で、地盤が軟弱なため、多くの建物や土木構造物などに著しい被害がでた。福井市もこの沖積平野の上に立地していた。それにひきかえ、震源地に近い地域でも、地盤の硬いところでは、建物の被害も少なくてすんでいる。

福井地震では、目に見える地表のずれは生じなかったが、地震後に行われた精密測量の結果、福井平野の東部で、二五㎞以上にわたって、北北西～南南東方向の断層が確認された。断層は左横ずれで、東側の地塊が、西側に対して相対的に最大約七〇㎝隆起し、西側が南に最大約二m近くずれたことが明らかになった。この断層活動が、福井地震を引き起こしたのである。

## 福井地震から兵庫県南部地震まで

福井地震による震度は、福井平野の中央部などで6とされていた。当時の気象庁の震度階では、震度6が上限だったが、福井地震による被害が甚大だったことから、翌一九四九年、その上に震度7が設定された。家屋の倒壊率が三〇%を越えた場合には、震度7とするよう定められたのである。

福井地震の場合、福井平野の中部から北部にかけては、家屋の全壊率が、ほとんどの地域で三〇%以上になっていたから、ここでは震度7に相当する揺れに見舞われたことになる。

こうして震度7が新たに設定されたものの、以後日本列島では、一九九五年に阪神・淡路大震災を招いた兵庫県南部地震まで、震度7が適用される地震は発生しなかった。

震災という面からみても、一九四八年福井地震から一九九五年兵庫県南部地震までの四七年間、都市が壊滅するような震災は起きていなかったのである。

福井地震では三七六九人、兵庫県南部地震では六四三三人と、いずれも数千人規模の犠牲者をだしたが、これら二つの地震に挟まれた半世紀近くを振り返ると、地震動だけで一〇〇人はおろか、一〇〇人をこえる死者をだした地震も起きていない(津波災害を除く)。また、一つの都市が壊滅するような地震も発生していなかったのである(図7-7参照)。

表　気象庁震度階

| | | | |
|---|---|---|---|
| 震度 0 | 人は揺れを感じない. | 震度 5弱 | つり下げられた物は激しく揺れ，棚にある食器類，書棚の本が落ちることがある. 座りの悪い置物の多くが倒れる. |
| 1 | 屋内にいる人の一部が，わずかな揺れを感じる. | 5強 | 非常な恐怖感を感じる. 補強されていないブロック塀の多くが崩れる. |
| 2 | 屋内にいる人の多くが，揺れを感じる. | 6弱 | 立っていることが困難になる. かなりの建物で，壁のタイルや窓ガラスが破損，落下する. |
| 3 | 屋内にいる人のほとんどが揺れを感じる. 恐怖感を覚える人もいる. | 6強 | 耐震性の低い建物が倒壊する. 耐震性の高い建物でも壁や柱が破壊するものがかなりある. |
| 4 | つり下げられた物は大きく揺れ，棚にある食器類は音をたてる. かなりの恐怖感がある. | 7 | 揺れに翻弄され自分の意志で行動できない. 大きな地割れ，地すべりや山崩れが発生する. |

以前には，震度は体感および周囲の状況から推定していたが，1996年4月からは，計測震度計により自動的に観測し，速報している. また，かつての「震度5」および「震度6」は，発生する被害状況の幅が広すぎるため，1996年10月から，これらをそれぞれ2つに分けて，震度5弱と5強，6弱と6強とした. その結果，震度階は10階級になった.

つまりこの四七年間は、震災の面からみて、日本列島は比較的静穏な時代だったといえよう。その平和のあいだに、わが国は高度経済成長の時代を迎えることになる。国土は飛躍的に繁栄を獲得し、都市は高層ビルの林立、地下空間の開発などで立体的に過密になって、福井地震のころには見られなかった都市環境が構築されてきた。しかし裏を返せば、都市は繁栄の代償として、危険の蓄積に向か

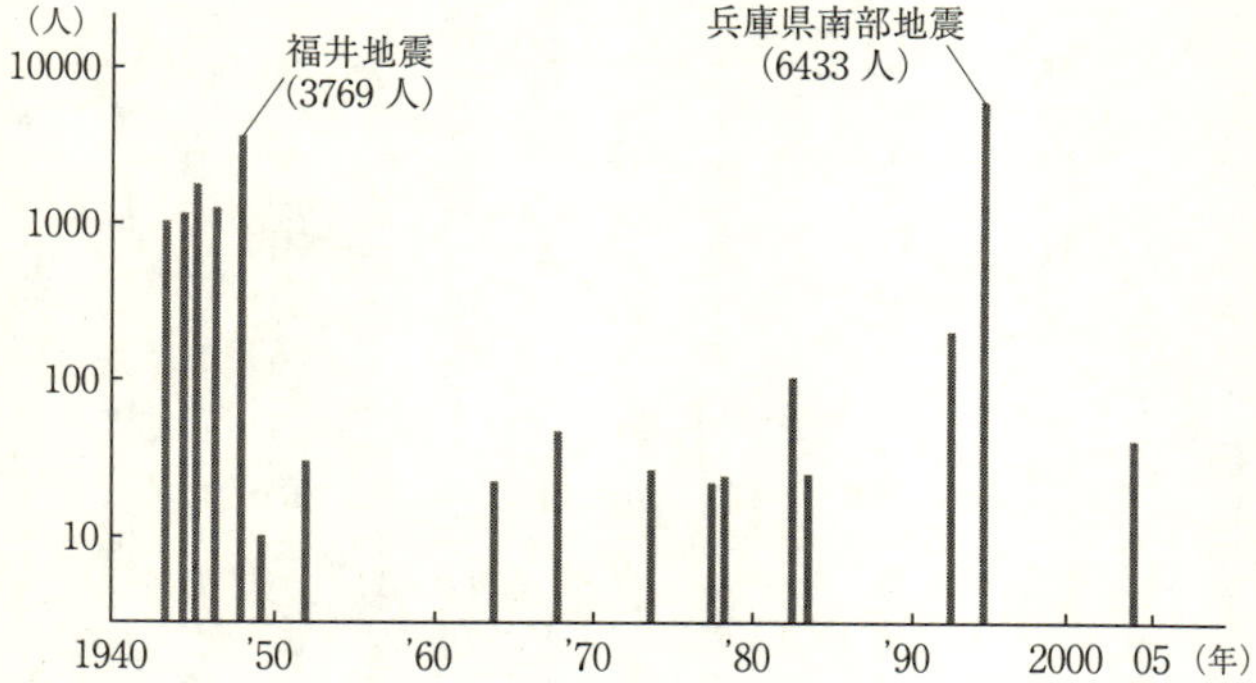

**図 7-7** 1940 年以降，10 人以上の死者をだした地震

って走りつづけてきたということができる。

そしてこの半世紀のあいだに造られた建築物や土木構造物、さらには町づくりそのものが、いかに脆弱なものであったかを、はっきりと露呈したのが、次に取り上げる阪神・淡路大震災だったのである。

## 3 阪神・淡路大震災（兵庫県南部地震）

### 震度7の衝撃

一九九五（平成7）年一月一七日の早朝五時四六分、神戸市を中心とする阪神地域は、突然の激震に襲われた。兵庫県南部地震（M7・3）である。この地震は、六甲《ろっこう》断層系の活断層が活動して起こしたもので、明石海峡付近で最初の破壊が起こり、そこから北東と南西へ広がり、約四五㎞にわたって断層破壊を生じたと考えられている。

淡路島《あわじ》の北西岸に沿っては、長さ一〇㎞あまりにわたって地震断層が出現した。断層は右横ずれで、最大の変位量は横ずれ二五〇㎝、縦ずれ一二〇㎝に達した。本州側では、地表に地震断層は出現しなかったものの、余震の分布や被害の状況などから、六甲山地と神戸・芦屋・西宮など大都市のある平野とのあいだを走る六甲断層系の活断層が活動したものとされている。

大都市の直下で活断層が動いて発生した地震であったから、激甚な揺れによって大規模な災害となった。震度7の激震域が、神戸市須磨区から西宮市にかけて、長さ約二〇㎞、幅約一㎞の帯状に分布し、宝塚市の一部や淡路島の北淡《ほくだん》町でも震度7になった。一九四九年に〝7〟という震度階が新たに設定されてから、震度7が適用されたのは初めてのことである。

この地震による被害は、死者六四三三人、家屋全壊約一〇万五〇〇〇戸、全焼約七〇〇〇戸に達している。地震の発生が早朝であったため、死者の多くが自宅にいて、木造家屋が瞬時に倒壊したことによる圧死や窒息死であった。

## 都市の複合災害

阪神・淡路大震災は、大都市直下の浅い所を震源として活断層が活動したときの災害の凄まじさを、はっきりと物語っている。地震時に想定されるあらゆるタイプの災害が、津波災害を

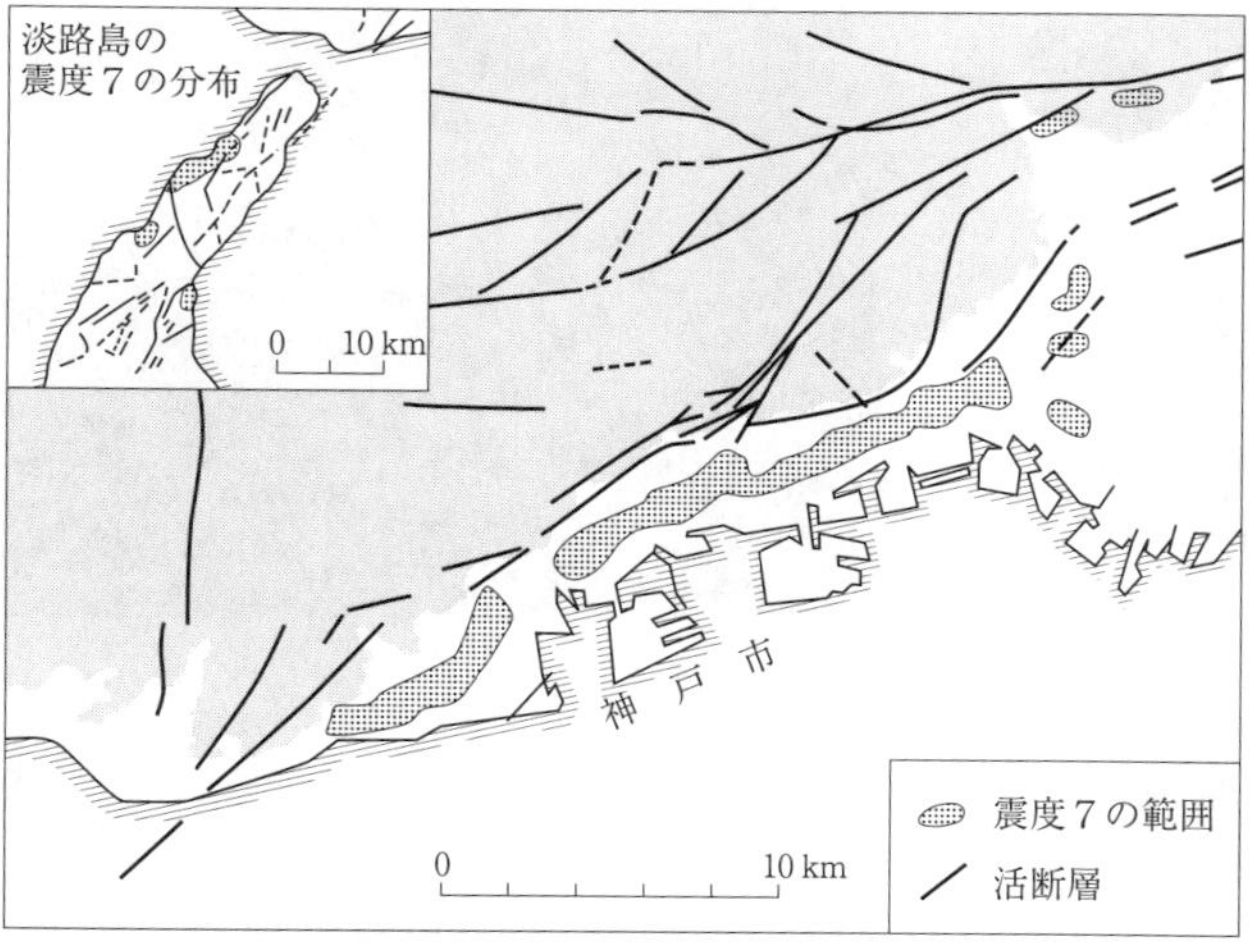


**図 7–8**　兵庫県南部地震による震度７の範囲と余震分布．100 m 以上の山地に灰色を施した(気象庁資料による)

**図 7–9**　淡路島北部に出現した野島断層．奥の地盤が右上にずれている

**図 7–10**　神戸市長田区の火災の跡

除いて発生したといえよう。

　木造家屋や鉄筋コンクリート造りのビルの倒壊や崩壊、ライフラインの断絶、橋梁など土木構造物の被害、広域火災の発生、埋立地などでの液状化被害、六甲山地での土砂災害など、壊滅的ともいえる都市の複合的な災害となったのである。

　山陽新幹線の橋桁が、八か所で落下した。地震の発生が五時四六分だったため、まだ新幹線の列車は走行していなかった。もし地震が二〇分ほどあとに発生していたなら、橋桁が落下した箇所に、時速二〇〇㎞前後で列車がさしかかっていたにちがいない。ＪＲ西日本は幸運だったとしかいいようがない。またもし通勤時間帯であったなら、六三五ｍにわたって横転した阪神高速道路には、多数の車がひしめいていたであろう。

　建物火災は、兵庫県だけでも二二八件発生しており、火災による死者は五五九人を数える。とりわけ木造家屋の倒壊が多かった神戸市の長田区、灘区、東灘区などでの出火が多かった。

同時多発火災だったため、既存の消防力では対応できず、しかも水道管の損傷による断水のため、消火用の水を確保できなかったことが、延焼を食い止められなかったおもな原因である。

また地震から数時間後、あるいは翌日以降に発生した火災も多かった。冬の朝だったため、多くの家庭で電気ストーブなどの電熱器具を使っていた。地震で家が壊れかかり、電気ストーブの上にはカーテンなどの可燃物がおおいかぶさったまま、家人は避難。このときは地震による停電でストーブは消えていたのだが、電力が復旧して通電が開始された途端に出火した事例が多い。〝通電火災〟という新語も生まれ、防災関係者にとっては盲点の災害となったのである。

**図 7-11**　液状化を起こした神戸港メリケン波止場の岸壁

沿岸地域を中心に、地盤の液状化被害も発生した。神戸港では、岸壁が海側にはみだしたり、地盤の沈下や陥没が発生して港湾の機能に支障をきたした。人工島であるポートアイランドでは、液状化によって砂まじりの水を大量に噴きだし、地震直後にはまるで洪水に見舞われたような状況を呈した。

地震にともなう土砂災害も多発した。西宮市仁川《にがわ》では浄水場わきの斜面が崩壊、住宅一二戸が土砂に埋まり三四人が犠牲になった。そのほか、六甲山地の各所で斜面崩壊や地すべりが多発し、一部は住宅地に深刻な被害を及ぼした。

図 7-12　多くの人命を奪った木造家屋の倒壊

**問われた建築物の耐震性**

多くの人のいのちを奪ったのは、木造家屋の倒壊だったが、その原因については、いくつかの要素が挙げられる。一つには、戦後すぐに建てられた老朽家屋の多かったこと。そのなかには、耐震性を高めるための筋かいが入っていないものも少なくなかった。土台をシロアリに蚕食《さんしょく》され、弱体化していた家屋もあった。これは、住宅の維持管理の問題でもある。

また、大きな台風災害をしばしばこうむってきた関西では、屋根瓦が強風で飛ばされないよう、瓦の下に土を敷きつめてある家屋が多く、そのため屋根全体がたいへん重くなっていた。

これらはいずれも、地震の強い揺れに対して、脆い性質を備えていたといえよう。

鉄筋コンクリート造りのビルでは、五、六階あたりの中間階の潰れたものが目立った。また〝座《ざ》屈《くつ》〟といって、一階部分が潰れてしまった建物も多かった。とくに、一階が駐車場や店舗になっていて壁が少ないため、建物全体を支えていた柱が破壊され座屈したものも少なくない。

**図 7-13** 瓦とその下に敷いた土で屋根が重かった（太田陽子氏提供）

これら建築物の耐震基準は、建築基準法の施行令にもとづいて定められており、一九五〇年に法律が施行されてから、一九六八年の十勝沖地震、一九七八年の宮城県沖地震を受けて、それぞれ三年後の七一年と八一年の二回にわたり改正されてきた。七一年の改正では柱の強化、八一年には壁の増量や土台の強化などによって、建物の耐震性を高めるよう義務づけられてきた。

兵庫県南部地震で倒壊した建物のほとんどが一九八一年以前に造られたいわゆる〝既存不適格〟と呼ばれるものであった。一方、新しい耐震基準で設計・施工された建物のうち倒壊あるいは大破したものは、全体の〇・二

％程度だったという。したがって統計的には、新耐震基準による建物の被害は軽微だったといえよう。

このような事実から、既存不適格の建築物に対する耐震診断と耐震補強を進めることの重要性が指摘され、全国的にさまざまな取り組みがなされてきたが、震災から一〇年あまりを経て

図 7-14　中間階が潰れた鉄筋コンクリート造りのビル

図 7-15　1 階部分が座屈した鉄筋コンクリート造りのビル

も、耐震化が進んでいるとはいえないのが現状である。

たとえば、全国の公立小中学校の場合、校舎や体育館などの耐震化率は、二〇〇五年四月の時点で五一・八％と、半分強にとどまっている。なかでも、全体の六割をこえる既存不適格の校舎について、耐震性があると確認されたのは四分の一程度にすぎなかったという。学校は、子どもたちを守る役割があるほか、災害時には地域住民の避難場所ともなることを考えれば、この数字はあまりにも悲観的ではないだろうか。

## 自然は警告していた

兵庫県南部地震が発生するまで、阪神地域の大多数の人びとは、関西には大地震がこないものと思いこんでいた。震災のあと、「まさかこんな大地震に遭遇するとは――」という声を、よく耳にしたものである。

しかし自然は、危険の潜在性を明確に示していた。人間の側が、自然の発するメッセージを読みとれなかったにすぎないのである。

阪神・淡路大震災の起きる六年前、私は神戸市消防局の雑誌『雪』（一九八九年一月号）に、「地震対策も忘れずに」と題して次のようなコラムを載せている。

神戸には大きな地震は来ないものと、おおかたの人は思っているにちがいない。しかし、神戸をめぐる地形の生成過程を振り返ってみると、この地域がけっして地震とは無縁でないことがわかる。

神戸市の背後にそびえる六甲山は、いったいなぜ〝山〟になったのだろうか。

この山地は、花崗岩で構成されているが、そもそも花崗岩というのは、地下深い所で生まれた岩石である。それが一〇〇〇m近い山になるには、それだけの隆起をしなければならない。そうした隆起は、大地震の繰り返しによって生じたものなのである。その証拠に、六甲山と神戸の市街地とのあいだには、山系に平行して数本の活断層が走っている。つまり、大昔から活断層が動いては地震を起こすたびに、山の側が隆起して、現在のような姿になったのである。

しかも歴史時代になってから、これらの活断層が動いたと思われる地震は発生していない。ということは、次の地震の起きる時が確実に近づいていると考えるべきであろう。

地震への備えも、神戸市にとっては大切であることを、地形ははっきりと物語っている。

このような指摘は、一部の地震学者や地質学者によってもなされていた。しかし残念ながら、それらが防災のための〝声〟として反映されることはなかったのである。

一〇〇〇年に一度ぐらいの割合で活動しては大地震を起こすと考えられる六甲断層系の活断層が、歴史時代つまり一三〇〇～一四〇〇年間も動いた形跡がないのであれば、次の活動期が切迫していると考えておかなければならなかったはずである。

長大な自然の時間のなかで、人間の経験した時間があまりにも短かったために、自然の発する警告を、人間の側が見落としていたともいえよう。

日本の活断層分布図(図2-3参照)を見ると、中部地方から近畿地方にかけて、活断層の密集していることがわかる。人口稠密な大都市がひしめきあう近畿地方は、ひと皮めくれば傷だらけなのである。これを見れば、「関西には大地震はこない」という思いこみが、まったくの幻想にすぎなかったということが理解できよう。

大阪にも京都にも、その直下や周辺部に、歴史時代に地震を起こした形跡のない活断層が分布している。将来これらの活断層が活動すれば、大規模な都市震災に発展することは疑いない。

一九九五年兵庫県南部地震は、中部以西の地域ほど、厳しい直下の地震にあう可能性の高いことを、あらためて思い知らせてくれたのではないだろうか。

# おわりに

二〇〇五年になってからも、三月二〇日に福岡県西方沖の地震(M7・0)、七月二三日に首都圏を襲った千葉県北西部の地震(M6・0)、さらに八月一六日には宮城県沖で発生した地震(M7・2)と、大規模な災害にはならないまでも、さまざまな防災上の課題を投げかけた地震が相次いでいる。

福岡県西方沖の地震では、玄界島《げんかい》で土砂崩壊により多数の家屋が被災し、全島民が避難、福岡市内ではビルから四四〇枚あまりのガラスが落下して負傷者がでた。また、ブロック塀の倒壊によって一人の死者がでている。福岡市はまず地震にあわない町と、市民の多くが信じていたためか、震度6弱の揺れに仰天したという。歴史を調べてみると、福岡市周辺で家屋破損などの被害のでた地震は、一八九八(明治三一)年以来のことであった。

千葉県北西部の地震では、東京都足立区で震度5強、地盤の軟弱な沖積平野や、東京湾の沿岸地帯で震度5弱を観測した。地震のあと、首都圏の交通機関は長時間麻痺して、多くの人が帰宅の足を奪われた。また、六万四〇〇〇台ものエレベーターが緊急停止し、エレベーター内に人が閉じこめられるトラブルが、七八件も発生した。震度4や5程度でこれほどの混乱が起きるのでは、もし将来、首都圏直下の地震によって震度6強〜6弱の激しい揺れに見舞われたなら、いったいどのような事態になるのか、懸念する声が上がっている。

宮城県沖で起きた地震では、仙台市にあるスポーツ施設の室内プールで、天井の吊りパネルがほとんど落下し、二七人が負傷した。パネルは、屋根から複数のワイヤで吊り下げられていたものだが、揺れを抑えるためにワイヤどうしを斜めにつなぐ〝振り止め〟が取りつけられていなかった。また、東北新幹線が一〇時間もストップして、お盆のUターン客など一〇万人あまりに影響がでた。

これらの地震災害に共通するのは、〝都市機能の脆弱性〟があらためて顕在化したことであろう。市民生活の便利さを支えている先端的な機能の裏には、地震や豪雨など自然の急変に対する脆さが潜在しているという現実を、私たちは直視しなければならない。

ここ数十年、地震現象そのものに関する解明は、飛躍的に進んできた。地震防災への取り組みも、紆余曲折《うよきょくせつ》しながら歩みを進めてきた。しかし、新たな地震が発生するたびに、また新たな防災上の盲点が噴きだしているのも事実である。

いつかは襲いかかる大地震。その〝時〟に備えるためには、それぞれの地域ごとに、背景となる災害環境をつねに把握しておくとともに、地域が過去に体験した震災のなかから、将来への教訓を導きだしておくことが大切であろう。

地震学や災害科学がどれほど進展しても、それを現実の防災に効果的に活かすことができなければ、せっかくの科学の成果も空まわりに終わってしまうのである。

本書を刊行するにあたっては、岩波書店編集部の中西沢子さんにたいへんお世話になった。あらためてお礼を申し上げたい。

二〇〇五年九月

伊藤和明

| 発生年／月日 | 地震名 | M | 震源地 | 被　害 |
|---|---|---|---|---|
| 1993/ 1.15 | 釧路沖地震 | 7.8 | 釧路沖 | 死 2　全壊 53　負傷者約 1,000 人がでたがほとんどが家庭内での被災 |
| 93/ 7.12 | 北海道南西沖地震 | 7.8 | 北海道南西沖 | 死・不明 230　大津波が奥尻島，渡島半島西岸を襲う　全壊・流失 601<br>津波の直後に火災発生 |
| 94/10. 4 | 北海道東方沖地震 | 8.2 | 北海道東方沖 | 津波による被害大　択捉島などで死・不明 11　住家全半壊 409 |
| 94/12.28 | 三陸はるか沖地震 | 7.6 | 三陸沖 | 死 3　全壊 72<br>八戸市で大きな被害 |
| 95/ 1.17 | 兵庫県南部地震<br>(阪神・淡路大震災) | 7.3 | 兵庫県南東部 | 死 6,433　うち火災による死者 559　全壊約 105,000　焼失約 7,000<br>都市の複合災害となる<br>淡路島に野島断層を生ずる |
| 2000/10. 6 | 鳥取県西部地震 | 7.3 | 鳥取県西部 | 負傷者 182　全壊 434<br>規模の割に被害小 |
| 01/ 3.24 | 芸予地震 | 6.7 | 安芸灘 | 死 2　全壊 69<br>呉市の被害大 |
| 03/ 9.26 | 十勝沖地震 | 8.0 | 十勝沖 | 津波による不明 2　全壊 116<br>十勝川の堤防損傷　苫小牧でタンク火災 |
| 04/10.23 | 新潟県中越地震 | 6.8 | 中越地方 | 死 48 (関連死を含む)<br>全壊 3,181<br>地すべり・斜面崩壊 3,791　天然ダム生成 45<br>新幹線車両脱線 |
| 05/ 3.20 | 福岡県西方沖の地震 | 7.0 | 福岡県西方沖 | 死 1　全壊 133<br>玄界島の被害大<br>福岡市内でビルのガラス 440 枚余落下 |

| 発生年／月日 | 地震名 | M | 震源地 | 被害 |
|---|---|---|---|---|
| 1948/ 6.28 | 福井地震 | 7.1 | 福井平野 | 死 3,769　全壊 36,184 焼失 3,851　断層を生じた |
| 49/12.26 | 今市地震 | 6.2<br>6.4 | 今市付近 | 死 10　全壊 290<br>2 つの地震が連続発生 |
| 52/ 3. 4 | 十勝沖地震 | 8.2 | 十勝沖 | 死・不明 33　全壊 815<br>津波による流失 91 |
| 52/ 3. 7 | 大聖寺沖地震 | 6.5 | 石川県西部沖 | 死 7　家屋焼失 9 |
| 52/ 7.18 | 吉野地震 | 6.8 | 奈良県中部 | 死 9　全壊 20 |
| 60/ 5.24 | チリ地震津波 | 9.5 | 南米チリ沖 | 死・不明 142　遠地津波による流失 1,259<br>全壊 1,599 |
| 61/ 8.19 | 北美濃地震 | 7.0 | 岐阜県北部 | 死 8　全壊 12　山崩れ 99 |
| 62/ 4.30 | 宮城県北部地震 | 6.5 | 宮城県北部 | 死 3　全壊 340 |
| 64/ 6.16 | 新潟地震 | 7.5 | 新潟県沖 | 死 26　全壊 1,960<br>石油タンク火災　地盤の液状化災害が顕著 |
| 68/ 5.16 | 十勝沖地震 | 7.9 | 青森県東方沖 | 死 52　全壊 673<br>津波あるも被害小 |
| 74/ 5. 9 | 伊豆半島沖地震 | 6.9 | 伊豆半島南端 | 死 30　全壊 134　焼失 5<br>各所で土砂崩壊　石廊崎断層を生ずる |
| 78/ 1.14 | 伊豆大島近海地震 | 7.0 | 伊豆大島近海 | 死 25　全壊 96<br>各所で斜面崩壊が発生<br>崖崩れ 191 |
| 78/ 6.12 | 宮城県沖地震 | 7.4 | 宮城県沖 | 死 28　全壊 1,183<br>山・崖崩れ 529<br>新興開発地に被害集中 |
| 83/ 5.26 | 日本海中部地震 | 7.7 | 秋田県沖 | 死 104(うち 100 人は津波による)　全壊 934<br>流失 52 |
| 84/ 9.14 | 長野県西部地震 | 6.8 | 長野県西部 | 死 29　斜面崩壊により住家全壊・流出 14<br>御嶽山大崩壊　岩屑なだれ発生 |

## 20世紀以降のおもな被害地震

| 発生年／月日 | 地震名 | M | 震源地 | 被害 |
|---|---|---|---|---|
| 1905/ 6. 2 | 芸予地震 | 7.2 | 安芸灘 | 死 11　全壊 64 |
| 09/ 8.14 | 江濃地震 | 6.8 | 滋賀県姉川 | 死 41　全壊 978 |
| 14/ 3.15 | 秋田仙北地震 | 7.1 | 秋田県仙北郡 | 死 94　全壊 640 |
| 23/ 9. 1 | 関東地震（関東大震災） | 7.9 | 関東南部 | 死・不明約 105,000　全壊 128,000 余　焼失 447,000 余　津波による流失 868 |
| 25/ 5.23 | 北但馬地震 | 6.8 | 但馬北部 | 死 428　全壊 1,295　焼失 2,180 |
| 27/ 3. 7 | 北丹後地震 | 7.3 | 京都府北西部 | 死 2,925　全壊 12,584　焼失 8,287　郷村断層・山田断層を生ずる |
| 30/11.26 | 北伊豆地震 | 7.3 | 伊豆北部 | 死 272　全壊 2,165　丹那断層を生ずる |
| 31/ 9.21 | 西埼玉地震 | 6.9 | 埼玉県西部 | 死 16　全壊 207 |
| 33/ 3. 3 | 三陸地震津波 | 8.1 | 三陸沖 | 死・不明 3,064　家屋流失 4,034　倒壊 1,817 |
| 35/ 7.11 | 静岡地震 | 6.4 | 静岡市付近 | 死 9　全壊 363 |
| 36/ 2.21 | 河内大和地震 | 6.4 | 大和・河内 | 死 9　全半壊 148 |
| 39/ 5. 1 | 男鹿地震 | 6.8 | 男鹿半島 | 死 27　全壊 479 |
| 43/ 9.10 | 鳥取地震 | 7.2 | 鳥取市付近 | 死 1,083　全壊 7,485　焼失 251　鹿野断層・吉岡断層を生ずる |
| 44/12. 7 | 東南海地震 | 7.9 | 東海道沖 | 死・不明 1,223　全壊 17,599　津波による流失 3,129 |
| 45/ 1.13 | 三河地震 | 6.8 | 愛知県南部 | 死 2,306　全壊 7,221　深溝断層を生ずる |
| 46/12.21 | 南海地震 | 8.0 | 南海道沖 | 死 1,330　全壊 11,591　焼失 2,598　津波による流失 1,451 |

伊藤和明

1930年東京都生まれ
1953年東京大学理学部地学科卒業
東京大学教養学部助手，NHK科学番組ディレクター，NHK解説委員，文教大学教授を経て
現在―防災情報機構会長
著書―『地震と噴火の日本史』(岩波新書)
『津波防災を考える―「稲むらの火」が語るもの』(岩波ブックレット)
『大地震・あなたは大丈夫か』(日本放送出版協会)
『自然とつきあう』(明治図書出版) ほか

日本の地震災害　岩波新書(新赤版)977

2005年10月20日　第1刷発行

著　者　伊藤和明《いとうかずあき》

発行者　山口昭男

発行所　株式会社 岩波書店
〒101-8002 東京都千代田区一ツ橋2-5-5
案内 03-5210-4000　販売部 03-5210-4111
http://www.iwanami.co.jp/

新書編集部 03-5210-4054
http://www.iwanamishinsho.com/

印刷・理想社　カバー・半七印刷　製本・中永製本


ISBN 4-00-430977-8　Printed in Japan

# 岩波新書創刊五十年、新版の発足に際して

岩波新書は、一九三八年一一月に創刊された。その前年、日本軍部は日中戦争の全面化を強行し、国際社会の指弾を招いた。しかし、アジアに覇を求めた日本は、言論思想の統制をきびしくし、世界大戦への道を歩み始めていた。出版を通して学術と社会に貢献・尽力することを終始希いつづけた岩波書店創業者は、この時流に抗して、岩波新書を創刊した。

創刊の辞は、道義の精神に則らない日本の行動を深憂し、権勢に媚び偏狭に傾く風潮と他を排撃する驕慢な思想を戒め、批判的精神と良心的行動に拠る文化日本の躍進を求めての出発であると謳っている。このような創刊の意は、戦時下においても時勢に迎合しない豊かな文化的教養の書を刊行し続けることによって、多数の読者に迎えられた。戦争は惨澹たる内外の犠牲を伴って終わり、戦時下に一時休刊の止むなきにいたった岩波新書も、一九四九年、装を赤版から青版に転じて、刊行を開始した。新しい社会を形成する気運の中で、自立的精神の糧を提供することを願っての再出発であった。赤版は一〇一点、青版は一千点の刊行を数えた。

一九七七年、岩波新書は、青版から黄版へ再び装を改めた。右の成果の上に、より一層の課題をこの叢書に課し、閉塞を排し、時代の精神を拓こうとする人々の要請に応えたいとする新たな意欲によるものであった。即ち、時代の様相は戦争直後とは全く一変し、国際的にも国内的にも大きな発展を遂げながらも、同時に混迷の度を深めて転換の時代を迎えたことを伝え、科学技術の発展と価値観の多元化は文明の意味が根本的に問い直される状況にあることを示していた。

その根源的な問は、今日に及んで、いっそう深刻である。圧倒的な人々の希いと真摯な努力にもかかわらず、地球社会は核時代の恐怖から解放されず、各地に戦火は止まず、飢えと貧窮は放置され、差別は克服されず人権侵害はつづけられている。科学技術の発展は新しい大きな可能性を生み、一方では、人間の良心の動揺につながろうとする側面を持っている。溢れる情報によって、かえって人々の現実認識は混乱に陥り、ユートピアを喪いはじめている。わが国にあっては、いまなおアジア民衆の信を得ないばかりか、近年にいたって再び独善偏狭に傾く惧れのあることを否定できない。

豊かにして勁い人間性に基づく文化の創出こそは、岩波新書が、その歩んできた同時代の現実にあって一貫して希い、目標としてきたところである。今日、その希いは最も切実である。岩波新書が創刊五十年・刊行点数一千五百点という画期を迎えて、三たび装を改めたのは、この切実な希いと、新世紀につながる時代に対応したいとするわれわれの自覚とによるものである。未来をになう若い世代の人々、現代社会に生きる男性・女性の読者、また創刊五十年の歴史を共に歩んできた経験豊かな年齢層の人々に、この叢書が一層の広がりをもって迎えられることを願って、初心に復し、飛躍を求めたいと思う。読者の皆様の御支持をねがってやまない。

（一九八八年一月）